前瞻教育系列

黃政傑主編

知識與權力
當代教育中的貧窮世襲

王振輝　著

五南圖書出版公司 印行

主編序

　　國內教育在政治解嚴之後，隨著社會邁向自由、民主、多元和開放而大幅鬆綁，又因應全球化、市場化、國際化和本土化的衝擊而轉型發展，顯現一片榮景。不過榮景之下還是存在許多問題，不但教育工作者時有批判檢討，家長和社會各界亦不斷鞭策，期盼促成教育的持續發展與進步。

　　剖析幾十年來國內的教育發展，最為顯著的是教育機會的擴充，讓學子有更多機會升學進修，尤其是高等教育的普及化更為凸顯。只是，教育機會的擴充一定要配以優良的教育品質，否則機會均等只是一紙敷衍的承諾。教育機會擴充也要在有教無類的理想外，配合因材施教的理念，引導學生追求符合個人興趣、性向和能力的教育，讓每個人都能自我實現。是以，追求卓越的教育，應著眼於全體學校，且學術教育和技職教育需等值看待，否則學校階級化勢必愈來愈明顯，升學主義永難消除。各級學校刻正設法因應少子社會的衝擊，此際學校的轉型發展必須落實品質保證，讓每個學生都能把握教育機會，習得健康、品格和實力。

　　面對教育發展伴隨的問題，並非一直批評即可解決，宜透過教育研究和著作發表，做為改革方案規劃、決策和實踐的基礎。只是近年來學術界注重實證研究和期刊論文的發表，專書遭到貶值，導致研究和著作的窄化。學者只重一篇篇的論文發表，缺乏對整體教育現象和問題的關照，更難提出系統且具前瞻性的宏觀見解及改革建言，至為可惜。

　　有鑑及此，前瞻教育系列期待學者在從事研究、發表單篇論文之際，同時重視前瞻性、系統性的學術著作，能以篇幅較大的專書來探討教育理論與實務、政策與改革等課題，以符應教育現場解題與應用之需求，啟發學術研究及教育改革方向。過往教育專書常見

大部頭著作，本系列書籍希望有所改變，朝向能創新思考、指引未來的專題探究，且能深入淺出、引人入勝。

　　本系列書籍的出版，首應感謝各書作者秉持社會關懷和學術使命，接受邀約，完成足以啟迪社會的傳世之作。其次要感謝五南圖書出版公司全力支持本系列書籍，也要感謝所有編輯及出版同仁全力以赴。再次要感謝靜宜大學教育研究所吳俊憲教授協助本系列書籍出版之相關協調工作，讓本系列書籍得以順利面世。最後，願將本系列書籍獻給所有關心教育改革和發展的家長、教師、行政人員及各界人士。

靜宜大學教育研究所講座教授

黃政傑

2013年8月

序論

─從「想在庭院裡養出千里馬」談起

最近聽到許多老師在公開或私下場合都會感嘆時下學生頑劣不堪，他們共同的心聲大概就是：時代愈是進步，學生愈是難教。

於是許多人就不免懷想起幾十年前那種美好的教育環境，那個時代是：老師教什麼，學生就做什麼，學生都是誠惶誠恐、亦步亦趨地跟隨著老師的指導，不敢、也不會有絲毫的懷疑。這種情形特別是在中小學教育階段為甚。在那樣的教育環境下，教書當然就是一種享受，因為普受尊重、不會被挑戰、不會有質疑，老師真是做到了「隨心所欲」，至於能不能達到「不逾矩」的境界，就只有天知道了。

這樣的感嘆、懷想似乎是人類的通病，人們總是把舊時歲月美化成黃金年代；問題是，舊時代的教育環境是否當真如時下人們所想像的那樣美好呢？當前的學生真的愈來愈難教了嗎？其實稍微理性思考一下便瞭解那只是人們的錯覺與幻想罷了。因為如果以往的教育環境那樣好，那麼它所教養下的學生應該是很優秀的，這樣優秀的學生成長為老師再來教養下一代，優秀的老師教育下的下一代也應該很優秀才對，怎麼會愈來愈差呢？果真愈來愈差，那麼在邏輯下只有一個可能，那便是：以前的教育環境並不如人們想像的那樣美好，它存在著許多問題，而這些問題一直都被我們視而不見、忽視，甚至去遮掩，以致愈來愈嚴重，嚴重到影響當下年輕一代，讓我們的下一代愈來愈不如上一代。

記得在2006年，我與靜宜大學幾位同事參加了東海大學師生所舉辦的一個北京文化教育交流參訪團，在一個高校座談會上，大陸高校的主管發言表示，他對臺灣教育有一些瞭解和研究，他用一句

話來概括，那就是「想在庭院裡養出千里馬」，當時與會的臺灣幾個大學的教授都默不作聲，未作辯解，包括我在內。在整個參訪過程中，「想在庭院裡養出千里馬」這句斷語始終迴盪在我心中，一直到回臺之後，它也促使我開始將目光從政治社會領域轉移到教育領域，從理論轉移到實踐，本書便是這個刺激後的沉澱，在幾年中我陸續發表於《靜宜人文社會學報》。

「想在庭院裡養出千里馬」這句話很形象、也頗為諷刺，據我個人的解讀，這裡的「庭院」所指涉的可能是我們的教育政策、教科書、教育制度、教育目標、教育方法、教學態度，更可能是我們國家的意識型態、教育者的認知、家長的觀念、社會大眾的主流共識，這些庭院的共同特徵就是「束縛」，比如教科書政策束縛了學生的想像力、考試制度束縛了學生的創造力、標準答案束縛了學生的批判力、升學主義束縛了學生的可能性。當然，最後，也是最諷刺的是，它凸顯了學校教育是不可能達到它的教育目標的。

在本書中，「想在庭院裡養出千里馬」中的「庭院」一詞讓我首先想到的就是我們的教育政策、教育制度，也就是升學主義及其所帶來的考試制度。雖然有人或許認為臺灣目前已不流行升學主義了，舊有的考試制度也已滄海桑田，變成目前的多元入學了，現在再來反省升學主義與考試制度是不是已經過時了呢？我則以為不然；現下的多元入學其本質仍不脫升學主義與考試制度，可以說，在萬般皆下品、唯有讀書高的文憑主義觀念下，家長與學生們念茲在茲者仍是攻讀更高的學位，拿到更高的學歷，因而升學主義仍是多元入學的本質；而所謂的「多元」演變到現在實際上指的是採用多次的考試以為入學標準的制度，在以前只用備受垢病的「大學聯考」一試定終身，目前則採用在校「考試」成績、學測「考試」成績來遴選學生入學資格，如果在校成績、學測成績都不好，那麼大學還有最後一個階段即「指定科目考試」用以篩選新生。國中升高中的升學制度亦復如此。

　　臺灣幾十年來流行這種升學主義與考試制度其實不是沒有道理的，因為它確是一個看似公平、公正的選才方式，大多數都服膺於它的客觀性，所以近二十年來，臺灣即便興起好幾波的教改浪潮，也都還是圍繞著升學主義與考試制度這個主軸打轉，只是改革的結果是，為了迎合社會大眾升學的需求，所以廣設高中、大學，特別是大學從二十幾所膨脹到近一百七十所；而為了「公平、公正」起見，所以千方百計地設計出多層次、多階段的「考試」，因此，學生的壓力不是減輕，而是加重了，並且是長時間地壓迫。

　　我認為這裡主要的問題還是在升學主義及其所帶來的考試制度本身，因為升學主義強化了文憑至上的觀念，從而忽視想像力、創造力、溝通能力、應變能力、思辯能力的重要性，以為有了文憑就有了能力；在本書中我援用以撒‧柏林（Iasiah Berlin）眼中的一元論（monism）來說明考試取才所帶來的文化惡果，它假設了這個世界有所謂的「標準答案」的存在，讓學生致力於標準答案的背誦、服膺於師長的絕對權威，從而讓學生喪失了想像力、創造力。此外，我更從知識社會學的觀點來解構「標準答案」的迷思，期望讓大家知道知識的社會構成，進而凸顯人類不斷地通過社會結構「製造」了知識這個事實。希望本章的努力可以開闊更多從事教育者、學習者、家長的知識視野。這是從知識的本質冀望從根本上解除升學主義與考試制度的迷思。

　　其次，導致當前教育變成一個「庭院」的另一個重大問題還在教育的工具理性化，被工具理性化的教育就是一種標準的人造「庭院」，簡單地說，教育的工具理性指的是教育行政凌駕於教育本身以及師生知識關係的封閉性，導致教育的質變，於是在本書第二章中，我透過哈伯馬斯（J. Habermas）的溝通理論來觀照這個問題。

　　教育領域的溝通問題大致可分巨觀與微觀兩個層次，巨觀層次指的是學校組織內部溝通問題，它所指涉的是學校運作，原本應

以教學即師生關係為主體的教育社群，在現代化、資訊化、網路化及國際化……等發展趨勢下，學校組織不斷分化下，最後導致行政肥大症，也就是教育行政部門組織愈分化愈多、人員數額愈來愈龐大、權力與資源愈來愈集中，使得原本以教學為主的教育組織，發展到最後轉變為教育行政主導教學單位配合的教育困境；因此，假如我們希望給學生一個好教育環境，事實上需要優質可行的教育政策之引導、學校行政與教學合作無間的配合。

另一個是微觀層次即師生溝通問題，尤其像臺灣這樣一個開放的社會，學校教育肩負著培育未來公民的重責大任，在我們這種民主的教育體制下，學生乃學校教育中建構知識的核心主體，而教師正扮演著影響此種知識品質的關鍵角色。所以，唯有師生在此一知識生成的過程，以尋求視域交融的心態，增進對彼此的觀點與感受的擬情理解，由師生不斷合作反省，建立起開放性的溝通互動循環，學校教育才足以創造出符合民主社會需求的知識。

在本書的第三章中，我看到的另一個「庭院」便是我們教科書、我們的教育意識型態；在本章裡，我透過「文化再製」（cultural reproduction）理論來理解這個「庭院」，文化再製認為，資本主義社會的階級再製並不是由經濟生產過程來決定，而是文化教育過程；這是因為統治階級已經宰制了社會文化與價值觀，因而取得制定學校課程知識的內容與結構的主導權；其次，在此一社會中，任何學生入學都是在既有條件、特定情境下去吸收統治階級的文化刺激，因此，判斷學生學習績效的標準便是能否契合統治階級所主導的知識結構與屬性。如此，此一社會中由教育所促成、推動的社會流動，其秘密就深深地埋藏在學校教育與課程內容所涵蘊的階級意識型態裡。

文化再製所描述的現代教育是相當可悲、可怕的，但是那些提出文化再製理論的學者其目標事實上是充塞著人道情懷的，他們希望透過其揭示可以讓世人明白當代教育的宰制性格，進而引發人們

去反省，去改變昔日教育那種統治與被統治的格局，企圖彌除統治與被統治的界線，這是一種理想的期待。特別是在一個現代化社會中，國家機器掌控了古老社會所沒有的那種資源、設備與組織，它所操縱的龐大、複雜而且功能強大的機器，是遠古人類所無法想像的，當國家掌控了這麼多的資源、這麼強大的力量時，它的能力幾乎是無所不能的，相對的，被統治者在現代國家機器面前更顯得蒼白、無力，他的選擇更是少得可憐。在這個意義上，文化再製理論更別具其時代意義，特別需要教育者深思我們日夜懸念的教育是否是當真能改變人民的愚昧、增長人民的智慧？

在第四章裡頭，我探討的是一個有趣的問題，即在龐雜而又快速變化的流行文化包圍下的教育，這裡有趣的是，流行文化是不是另一種「庭院」形式，在本書中是有些爭論的；不過，大多數的人都認為它確實是一種「庭院」，因為流行文化對於當代的道德教育已產生負面效應，它們是淡化政治理想和道德觀念、推銷物質至上的消費主義和享樂主義、鼓動非理性主義等。在本書中，我從法蘭克福學派的「文化工業」角度來看流行文化，他們認為，當代的文化工業具有欺騙性、操控性、意識型態性等特徵，它對於維護現存的經濟、政治和社會秩序有著關鍵性的作用，它造成了現代人即使面對不合理、不平等、不公不義的社會卻又無力反抗的歷史局面。文化工業顯示了人們對商品的屈從、對經濟利益的服從、對人的感官願望的依從、對現存政治統治的順從，異常鮮明地揭露了現代資本主義發達社會中文化本身所出現的嚴重異化。

這種文化工業在當代教育中就產生了「半教育」現象，它源起於阿多諾（T. Adorno）的「半教育理論」（Theorie der Halbbildung），他所說的半教育不是教育的一半，而是教育的否定，即以固定模式認識世界的教育，這個理論進一步顯示了文化工業產品被社會上那些有教養的階級（相對於無教養的芸芸眾生）以一種預先做好的固定理解框架去接受，在此，文化品味成了一種固定的消

費模式；而阿多諾所說「半教育」，正是用來諷刺那些號稱有教養的、多數是大學以上教育、有相當的知識水準的中產階級，他們附庸風雅、裝模作樣，卻又不懂文化，他們對世界的理解及對知識的運用都習慣於用社會性的固定思考模式。這當然是由於統治者掌握了教育及教育資源，特別是當代急速膨脹的高等教育與無所不在的大眾傳播媒體越發讓知識傳遞的速度與幅度大躍進，這同時也讓統治者更加方便、有效地掌控教育從而助長了半教育現象。

本書第五章處理的最主要問題應是臺灣人民最關心的教育問題——「明星學校」，它是臺灣教育中最典型的人造「庭院」；本書從布迪厄（Pierre Bourdieu）的「場域」（field/Champs）理論來檢視這種「明星學校」如何造成教育困難。

所謂的「明星學校」，指的是一個學校升學率、特殊教學、特殊榮譽及學校資源等方面都極為優異，是每個人都夢想進去就讀的學校。這種明星學校現象讓二十幾年來所有的教育改革都陷入極大的困境，因為「明星學校」兼具磁吸及排斥效應，以高中為例，它吸收學業成績最高的學生，然後依次第二、三……志願排列各高中順序，成績最末學生再進入私立高中，造成各高中學校教育不平衡的發展，以及國中教育的黑暗期。前者讓多元入學方案的理想變成形式的空談，學生多元入學唯一的目的就是擠入明星高中，明星高中多元入學唯一的標準是學科成績；後者讓國中校長、老師、家長及學生以考上明星高中為學校及學生存在唯一的價值，國中教育一成不變的就是考試，於是又回到本書第一章所提的教育困局，多年來的教育改革的努力也變成口號與形式。

質言之，在明星學校這個議題的背後所潛藏的就是一場社會的階級鬥爭，在此一邏輯下，無論教育改革中進行什麼樣取才方式的變革都會受到優勢階級強大的阻力與質疑。如此，教育的可能性到底在哪裡呢？

在第六章中我以語言這個課題為引，引導大家深入探討知識教

育中的權力議題，在此，語言作為一種「社會制度」、甚至是「階級習性」，它是另一種「庭院」。人們透過語言的習得與使用塑造了他的社會生活型態，這是他所屬的社會結構對他所產生的制約與影響，簡言之，社會結構藉由語言內化在人們心中。不同的社會結構將產生不同的言語系統。這些言語系統或符碼提供個人特定選擇原則，以調節個人在語言的文法、句法等方面的選取，而且這種選取是自覺地、無意識地進行著。本書強調，從語言作為社會階級的符碼來看，教育知識結構中隱藏著一種潛在的權力關係，在學校教育的知識結構中所使用的不同的社會階級語言，揭示不同編碼類型反應了不同的權力分配原則。除此之外，在學校教育生活中，事實上還存在著可見的與不可見的教學，與不同背景家庭中父母對孩子的教養方式之間，也存在著某種對應關係。簡單地說，可見的教學與舊中產階級（在經濟生產中擁有話語權的中產階級）的父母對孩子的教養方式基本一致，而不可見的教學則與新中產階級（在文化生產中擁有話語權的中產階級）父母教養孩子的方式基本一致。

再者，從學校教育對社會的影響層面來說，教育機制以分配、再脈絡化和評鑑規則潛移默化社會結構型態，進而影響知識本身的生產、再脈絡化與習得。在此，學校教育「是一種等級分配手段，它社會地創造、維持與再生各種專業與非專業的知識技能以及與生產大致相應的各種專業的性情氣質」（http://blog.sina.com.cn/control/writing/scriber/article_edit.php?blog_id=486bb8d1010009tx-_ftn8）。所以從這個角度來看，學校教育就不單單是在傳承文化、傳授知識，當它在進行文化傳承、知識傳授的同時，它也在塑造某種社會結構與社會型態。簡單地說，學校教育就是一種階級再製的工具。

從而我得到一個結論：統治者在教育制度上透過權力的運作傳遞其知識，不斷地進行社會再製。知識總是為權力所控制並為權力服務，權力和知識是一體的兩面，兩者的關係是：權力在運作時不

可能沒有用到知識，而知識也不可能不產生權力。教育原本希望人們擺脫蒙昧求得解放自在，但當代學校教育的結果是，知識和權力並未消除人類企圖改變其生活世界而追求和提升自我生存技能的意念；相反的，我們更容易從人類歷史的足跡中、從人類根據其所聲稱理性建構出來的客體世界和社會行動的故紙堆中看到了人類的虛假。

最後一章，也可以說本書的總結與概括：社會不平等與異化的教育。本章一開始便從最近臺灣社會落在貧窮線下的家戶數在十年間暴增了兩倍這個現象說起，臺灣社會這種「贏者圈愈來愈小，貧窮的家庭卻愈來愈多」的現象正是當代資本主義的特徵，也是資本主義社會貧窮世襲的寫照。本章論證，受限於僵化的理性導致教育的異化、教育的市場化導致教育的異化、教育與生命本身的異化、教育被其他權力如政治、經濟所扭曲，從而使教育成為宰制學生的工具，教育產出的是一代又一代的順民；由此顯見，當代教育並未如人們所想像的那樣解放人類，反而是在現代國家機器的操控下、反而是在社會優勢階級的支配下，反而是在統治者的宰制下，變成控制人民的最佳、最全面、最不為人知的手段，教育其實深化、強化、擴大原本就不平等的社會，以致導致這樣的結果：在現代工業社會裡，社會不平等的代際傳遞雖然不再像傳統社會那樣主要以「財富和技能」為其特徵，然而，令人訝異的是，其傳遞卻還是停留在幾近「先天性」的直接「世襲」，而其「世襲」的一個主要的途徑竟是人們所衷心寄予希望的教育。

最後，我必須強調，本書所反思的不僅僅只是臺灣的教育，它所針對的其實是當代教育的困境，幾十年來臺灣在快速現代化的發展中，只不過在某種程度上顯現出這種現代化的一些病灶；現代工業社會花了數百年的時間建構了如此巨大的系統，它為人類創造了巨大的財富、空前的享受和便利，卻也為人類帶來艱巨的困難與災禍；面對這樣的工業巨輪，期待教育去改變它確實猶如螳臂擋車，

特別是當今的教育政策無不是在迎合社會遷流、配合經濟發展、契合政治意識;然而,在我心目中,教育本身就代表著無限的可能,假如人類有可能找到善用理性力量、駕馭工業系統的方法的話,那麼教育是唯一的可能;其實,在我理念中,教育不僅要去改變社會,如果我們能讓教育進一步發揮它原有解放人類的功能,那麼人類要建立一個止於至善的社會不是不可能的。職是之故,在本書每一章的最後,我也都會發揮愚公移山的精神,貢獻一點自己小小的建議,衷心希望大家看完這本書之後,會認為我是在真正的檢討當代的教育。教育需要政策制定者和每一位現場教師深切的自覺,更需要每一位家長清楚的認識及有力的支持。

期待本書能為臺灣以及當代教育帶來一丁點的省思。假如它能夠的話。

目　錄

第六章　語言的背後：知識與權力的教育省思

第七章　社會不平等與異化的教育：論當代的貧窮世襲

跋

第一章

沒有標準答案的世界：
知識的社會構成

前言

　　2012年臺灣政府終於宣示推行十二年國教的決心。為什麼要推動十二年國教呢？這跟臺灣的填鴨式教育息息相關，臺灣的學生從小學到大學，所有的教育模式數十年如一日，他們在學校的生活不斷地考試，從早自習開始的複習考開始，每堂課幾乎離不開考試評量，有隨堂考、小考、週考、段考、會考、模擬考……，各種考試五花八門，學生們埋頭苦幹，斤斤計較一分二分，最後當然都希望能符合父母以及社會的期望：高學歷與高薪工作。在這種教育體制下，臺灣學生最大的問題是不會思考，只要「背多分」，背標準答案就有很多的分數，如此逐漸失去獨立思考能力。在這種考試引導教學下，臺灣學生無法應變，失去生活認知能力。只要它存在，臺灣的教育永遠不會有起色。

　　對這種考試引導教學所產生的禍害，國內學者洪蘭認為：「臺灣教育扼殺創造力最大的元凶是『標準答案』，她看過太多中小學測驗卷，完全以教科書內容命題。」洪蘭並表示，曾收到一名憤怒的家長寄來考卷，題目是「下列哪一個會長大？」備選答案有「桃樹」、「小草」、「種子」，照常理判斷是「以上皆是」，標準答案卻只有「小草」，原因是教科書上這麼寫著：「桃樹會開花，小草會長大，種子會發芽。」另一個題目也令人啼笑皆非，洪蘭自己的孩子有次碰到一個問題「天氣很冷，是觀察、判斷、還是推想？」老師標準答案是「觀察」；令人質疑的是，難道不能從行人發抖、路面結冰等現象來「判斷」天氣很冷嗎？（轉引自黃福其，2011）

　　即便學者專家對這種荒謬的考試制度再三呼籲改革，然而，臺灣各級學校老師對於考試的教學成效依然迷信不已，根據臺灣一項對醫學院學生所進行的研究，考試引導教學確實對於學生出席率、上課專注與內容理解有明顯的提升，尤以複習考較佳，其結論是：考試引導教學值得學界更進一步的研究與推行（陳榮邦，2005）。其實只是以單一筆紙考試來衡量學生學習成效的唯一判準，這種考試引導教學的作法，在知識論上就是假定任何問題絕對只有一個標準答案。

本文即從知識社會學（Sociology of Knowledge）的知識觀點（錢撲，2003），嘗試來探討知識到底有無標準答案這個問題。

 ## 二 教育與知識的形式：謝勒

臺灣學生在求學過程中習慣於尋找標準答案，這在知識論上就是假定了絕對真理（absolute truth）的存在，這種觀點認為，人的認識是對客觀世界及其無窮本質完全的、無條件的、絕對正確的反映，亦即人的理性可以認識並用文字表達此一絕對真理；這種知識論的傳統認為，只有找出真理的絕對判準，我們才能判斷哪個說法較接近真理，也才能知道如何去求取真知識。而在它更深層的思想中更假定了：人能以純粹、絕對的理性去探究事物純粹、絕對的本質；[1] 這種知識論反映在實際的教育中就是要找出真理的絕對判準，因此它要求一個問題只能有一個標準答案，特別是對老師、教科書所提供的解釋不能有絲毫的懷疑，其中尤其是自然科學知識的可信性與真實性更是不容懷疑（唐曉傑譯，1993）。

臺灣升學主義底下的考試制度所提倡的精神，就是以撒‧柏林（Iasiah Berlin）眼中多元主義的死對頭───一元論（monism），早在《自由四論》（Four Essays on Liberty）之中（Iasiah Berlin,1969:169-172），柏林就為我們指出一元論的錯誤和危險，因為人類漫長歷史發展中由百家爭鳴所提呈出來的各種價值理想讓人眼花撩亂，而這些價值理想之間，也未必能用相同的標準來比較，有時甚至還會互相衝突矛盾，勉強要求定於一尊，獨尊一家，最後總是災難性的後果。柏林指出，一元論乃是一種古老的信念，它相信事情的真理只有一個，而掌握了這個真理的人就應掌握世界，因為只有他們知道如何控制世界；柏林也引用Karl Popper的說法，批判這種一元論就是本質主義（essentialism），它是萬惡的根源（the root of all evil）（Iasiah Berlin, 2001: 14）；因為這種一元論它假設了這個世界的問題

---

[1] 此為自柏拉圖以來西方知識論的觀點，認為只有經透過純粹理性才能求得永恆、完美的理想，見鄔昆如（2011：100）。

有、並且只能有一種「標準答案」的存在，所以在這種一元論下的教育便是讓學生致力於標準答案的背誦、服膺於師長的絕對權威，世界自然在穩定的秩序中井然發展；但這種教育也讓學生喪失了想像力、創造力，當然也就讓學校變成監獄，讓教育變成懲罰。

　　第一個對尋求絕對真理的知識觀提出反省的是馬克‧謝勒（Max Scheler, 1874-1928），他是著名現象學家。謝勒在《知識社會學問題》中對「知識」一詞提出他個人的詮釋，他所謂的「知識」包括思想、意識型態、法學、倫理、哲學、藝術、科學和技術等觀念；他認為，面對這麼多元而複雜的知識類型，必須以所謂的知識社會學的方法來看待才能真正地把握知識，也就是說，我們要去研究思想、意識型態與社會群體、文化制度、歷史情境、時代精神、民族文化心理等社會文化之間的關係，或者說是研究這些社會文化因素如何影響我們的知識的產生和發展（艾彥譯，2000）。

　　依謝勒，我們的知識是取決於特定的社會群體、歷史情境、時代精神等社會文化；從這裡，謝勒告訴我們，一切的知識都是相對的，而不是絕對的；不僅如此，謝勒進一步告訴人們，我們所得到的知識其實是有其先後順序的：社群之知識優先於個人之知識，個人總是在社群內成長的，因此個人之知識是在以社群之知識做前提下造就，沒有社群之知識就沒有個人之知識。由此可知，謝勒對知識的理解強調個人依附於社會群體之必要，個人之思想、知識，都是社會群體風行草偃的結果（關永中，2005）。

　　不只如此，謝勒還為我們指出了知識的社會功能，不同的知識有其不同的社會功能。他把知識分為三種：神聖的知識（Heilswissen）或救贖的知識（Erlosungsswissen）、陶冶的知識（Bildungswissen）、宰制性的知識（Beherrschungswissen）（江日新，1990），他是在1925年波昂（Bonn）教育學院發表的專題演講《知識形式與教育》時所提出的。他認為啟蒙運動的思想家對人類精神發展的認識是有問題的，他們以為人類精神的發展純然只是一種生理現象，也因此，所謂的精神人格的陶冶在他們看來就成了一種理性的訓練。然而，謝勒在演講中清楚地指出知識的不同社會功能，

理性邏輯訓練所得的知識是一種「宰制性的知識」，旨在有效地控制世界。要發展整全的精神人格，必須仰賴「陶冶的知識」；而要追求最高的存有、終極關懷，則須透過神聖的知識或「救贖的知識」。這是謝勒有感於第一次世界大戰及其所帶來一連串的殘酷後果，認為其癥結問題不在於人類非理性行為，反而在於從啟蒙以來，人類鼓吹理性思維，理性邏輯過度膨脹，造成宰制意識橫行霸道。為了矯正這種時代的弊病，謝勒認為，當今之計應該全面推動「陶冶的知識」教育，用以完善人類的精神人格（Scheler, 1925）。

這三種知識構成一個金字塔結構：最底端是宰制性知識，中間層是陶冶知識，頂端是救贖知識，這完全符合謝勒提出的價值的客觀等級秩序：生命價值、精神價值、神聖價值。

這三種知識及其目標、價值秩序在人的身上得到了統一。因為，「人在本質上高於動物，不是一種靜止的存在、一種事實，而是一種可能的過程方向；是一種「人的持續地『自我神化』的嘗試」（劉小楓，1999）。依學者詮釋，此一「自我神化」的發展是這樣的：一開始人類對環境的「抵抗」和反應是類似於動物的反應本能，這種「抵抗」情緒，本能—衝動是宰制性知識的起源；然而，「人是『能說非也者』，是『生命的苦行者』」（Anderson, 2002）。人具有揚棄（aufheben）的能力，將行動轉化為「精神」。「『精神』本質的基本規定便是它存在的無限制自由—或者說它的存在中心的—與魔力、壓力，與對有機物的依賴性的分離性，與『生命』乃至一切屬於『生命』的東西，即也與它自己的衝動理智的可分離性」（趙萬里，2002）。也就是說，抵抗和控制本能——衝動是精神的本質，但通過否定、苦行、壓抑、昇華的轉折，精神從此汲取強大養分，此為陶冶知識和救贖知識的來源。當這種控制和支配的衝動與人的精神力量結合起來時，也就形成了人不同於動物的根本能力。

謝勒知識三分法的依據是緣於知識的訴求與條件，各種不同的知識如宗教、哲學、科學皆有不同的動機，甚至不同的社群在追求知識時也因其目的、人格類型、社群屬性而有所差異。例如追求救贖知識的人，其動機是想認同神性或自在之知識；尋求陶冶知識者則旨在創造或認同生命之意

義與價值；則汲汲營營於宰制性知識者，其目的在於提供人在生存上宰制環境之能力。

更獨特的是，謝勒對社會知識的建構還有其創見，他認為，社會群體共享的知識是透過社會表層與裡層間的三重配合才得以編織出來。社會表層所論述的是個人參與社群組織的互動配合，社會裡層則涉及社群存在的二種屬性：包括上層結構是社群的「靈」（或稱群體精神）、底層結構是社群的「魂」（或稱群體靈魂），這二者也是知識社會學發展的前提。社群的「靈」所指的是社群中精英的思想，它表現在諸如哲學家、科學家身上，它提供社群一個理想並推動社會朝向更完美的方向發展。而社群的「魂」則是非個人的（impersonal）、匿名的（anonymous），它有機地成長於人群之中，它就好像是人的生命力、源源不絕地為社會提供生命的熱情和衝動。至於社會表層所論述的個人參與社群組織方面，謝勒各提出了四種對應關係，在社群組織方面，包含四類組織模式：群眾、血族、社團、位格社群，其各自參與社群經驗之途徑則對應如下：情緒感染、傳統、語言象徵、宗教象徵與神秘直覺。這意味著個人參與社群運作之過程，在參與社群過程以後，社群之知亦將產生。在社群運作之過程中，由於牽涉社群之知之群眾渲染與掌握因而涉及相關政治運作的成分。但須瞭解的是，謝勒雖主張社群之知先於個人之知，然而他卻相當重視人對於知識生產的起源，並認為這種起源經過諸多轉折之後感染了社群中的個人，最終造就了社群之知。而社群之知，爾後即影響了個人之知（艾彥譯，2000）。

總之，謝勒超越了實證主義的傳統思維方式，在社會存在與意識的互動關係基礎上，認為科學的世界觀並不能唯一逼真地描述「絕對客體」。但和馬克思主義單向的社會決定論不同的是，他認為絕對客體的實在範疇基於信念而非物質因素。謝勒試圖用絕對主義因素解決相對主義問題，同時又保留「知識二分法」及「知識的社會決定論」，這顯然是矛盾的。不過，謝勒的最大功績在於：他能夠洞察出科學家對絕對真理的尋求在本質上只不過是一種表象而已。從當代科學哲學和科學社會學觀點來看，他的特別貢獻在於：他對自然科學知識的至尊地位提出了挑戰，對兩種文化之

間的歧視現象表示出強烈不滿。這也為日後科學知識社會學的興起奠定了思想基礎。

 ## 三 觀點的社會構成：曼海姆

德國社會學家曼海姆（Karl Mannheim）是繼謝勒之後對知識的相對性研究最多的學者之一，他著有《意識型態與烏托邦—知識社會學導論》（*Ideology and Utopia: An Introduction to the Sociology of Knowledge*, 1929）、《重建時代的人與社會》（*Man and Society in an Age of Reconstruction*, 1940）、《知識社會學論文集》（*Essays on the Sociology of Knowledge*, 1952）、《當代的診斷：一位社會學家的戰時論文集》（*Diagnosis of Our Time: Wartime Essays of a Sociologist*）等。

曼海姆強調要研究思想史上各種變動著的觀念、知識對於思想發展的影響和作用，他分析了十九世紀末、二十世紀初西方的官僚保守主義、歷史保守主義、自由民主思想、社會主義、法西斯主義五種政治思潮，認為這些都是在不同社會群體生活實踐中產生的思想或知識，是社會群體歷史經驗的集合。

曼海姆是從意識型態理論發展出其知識的社會構成，[2]但他認為自己的知識觀點與意識型態又有區別：意識型態理論的任務是揭露各種利益群體的論斷的虛假性，這些論斷是發生在心理層面上的有意或無意的欺騙和偽裝；而知識的社會構成卻不關心這些論斷的真、假問題，它的焦點在於探討這些論斷背後的社會原因，它從社會學層面探討產生這些論斷的思

---

[2] 「意識型態」（Ideology）一詞源自法國思想家特拉西（Destutt de Tracy）於十八世紀末所創，原具有積極的意義——即指「觀念之學」（science of ideas），後來被馬克思解釋為反映某一特殊階級利益，而以特殊的偏見來扭曲社會的真相，見陳伯璋（1993）；所謂的「意識型態」就是：「某一思想為社會上的某一既得利益服務時，我們就把這種思想稱為意識型態」，社會群體的生活形式不同，對世界的認識和解釋也不同，但作為知識或思想都有共同的假定，此為彼得‧伯格的詮釋。見何道寬譯（2008：111）。

想方式，以及這些思想方式的社會來源。在意識型態理論那裡，「意識型態」這一概念意味著虛假意識，是帶貶義的；伊頓（Ruth Eaton）也認為，曼海姆在作為被統治勢力的權力系統支援的意識型態和作為反對派的烏托邦之間作了區別，在曼海姆那裡，意識型態是固定、停滯、被動和反應式的概念，而烏托邦是能動和進步的概念（Eaton, 2002）。不過，在曼海姆的理論中對「意識型態」此一概念則把它視為中性的概念。曼海姆說，由於「『意識型態』這一術語含有道德譴責的內涵」，因此在他的理論裡，「我們將盡可能地避免使用這一術語，而代之以思想家的『觀點』。我們用這一術語表示由歷史和社會境況決定的主體看待事物的整個方式。」他還說：「『觀點』在這裡表示一個人看待物件的方式，表示一個人從物件中覺察到了什麼，以及他如何在他的思想中解釋這個物件。」因此，「觀點」在曼海姆那裡就是指由特定的社會環境、社會境況造成的思想家看問題的思想方式或認識方式（Mannheim, 1936: 281）。

曼海姆認為，其研究的任務就是對觀點的形成、發展、變化及各種觀念的相互依賴關係進行有控制的經驗研究，找出「觀點」與社會群體的聯繫，然後由經驗研究上升到認識論高度；他除了指出不同文化的人們思維模式不同，它還要深入說明人們用不同方法思維同一事物的原因，例如為什麼某種社會背景會促成其特定的思維觀點。其理論不會判定各種觀點的正確與否，而是強調各觀點只是一種視角，並不具有絕對效力。藉由確立觀點與其社會背景的結構關係，知識社會學就可以尋找出特定觀點的指涉範圍（可能是特定階級或地區）以及其有效性（如該觀點對世界的解釋力）。

曼海姆還探討思想意識反映社會存在的真實程度，確定思想意識與社會存在的關係及其結構，建立起檢驗知識或思想的正確標準。特別值得注意的是，他所說的社會存在，並不是指馬克思主義所說的經濟基礎，而主要是指知識或思想以外的其他社會文化因素，包括階級、社會地位、職業群體、代際關係、生產方式、權力結構、歷史情境、競爭、衝突、流動，以及價值觀、世界觀、社會思潮、時代精神、民族精神、文化心理等。

曼海姆希望能藉由不斷檢視觀點背後的社會構成，發現一種能夠涵蓋

一切思維方法的理論基礎。曼海姆認為，有三種情況會讓人跳脫出原有的視角、思維模式，或是獲得新的視角、觀點；第一是身分、地位的轉移，他舉了農村青年的例子：一個世居農村的青年會將農村特有的思想方式視為理所當然，但若有朝一日他到都市謀生，且逐漸適應都市生活，農村的思維對他來說將不再是絕對的，他可能會有意識的判別「農村人的觀點」與「都市人的觀點」；第二是整個團體的存在基礎改變，比如說臺灣從清領成為日據，再從日據一變為中華民國統治；第三是同一社會中不同思維、觀點的碰撞，這將確立各自的觀點，好比從保守和開放的對峙中跳脫出來，用更宏大的視角來包容並存觀點的全貌。

在曼海姆看來，他的理論是一種歷史社會學的研究方法（Mannheim, 1936: 264）；當它作為一種理論時，它是分析知識與存在之間的關係；當它作為一種研究方法時，它則是在探討人類思想發展中，知識與存在之關係的諸多形式。曼海姆是這麼表述他的理論：「作為理論，它試圖分析知識與存在的關係；作為歷史—社會學研究方法，它試圖探尋這種關係在人類知性發展中表現出來的各種形式」（Mannheim, 1936: 237）。

其實曼海姆的學說中的一個重要理論「存在決定思想」，乃來自馬克思的歷史唯物主義，並融合德國的歷史主義，[3]強調思想起源於特定的歷史、社會脈絡（Mannheim, 1936; 276; Carlsnanes, 1981: 180; Mannheim, 1952: 182-183）。但曼海姆認為，馬克思主義所著重的物質利益作為決定社會群體採取某一思想觀點（即意識型態）的唯一因素，這是馬克思主義的偏見，實際上其他諸如世代、地位團體、宗教信仰、職業團體、學派等社群都能深深影響到人對於意識型態的選擇，而不僅僅是階級（Mannheim,

---

[3] 曼海姆深受德國歷史主義（German historism）的影響，他更有專文探討托洛區（Tro-eltsch）的歷史主義，他以為，托洛區認為只有從某一特定的思想觀點才能形成歷史知識，歷史知識的獲得受主體對未來所持有的意願之影響。事實的選擇與歷史知識的客觀性，視當時人類的具體意願而定，所以沒有永恆的價值與標準。托洛區主張所有歷史知識受歷史與社會情境決定，知識與意願有某種內在的關聯。詳見Larrain（1977: 100），Vallas（1979），Wagner（1952），Mannheim（1952: 102-103）。

1952: 182-183, 1936: 276）。[4]

　　從曼海姆和馬克思的一致性來看，他們都注意到了知識本身的相對性，這在知識論上是很重要的關鍵。他們也都關注到了知識能夠成立或者知識產生的社會條件，也都探討了社會因素、社會條件進入知識的途徑和基本的標準。

　　然而，曼海姆的觀點和馬克思又有很大的差異，馬克思的理論可以被看作是知識政治學和知識哲學，曼海姆的理論基本上可以被看作是知識社會學。馬克思更多地談的是知識的本質，曼海姆更多地關注知識產生的社會歷史條件因素，他談的往往是知識存在及其與社會條件的基本關係等，如曼海姆在《意識型態與烏托邦》中就曾經說過：「只要思維方式的社會起源是模糊不清的，那就一定存在不可能被充分理解的思維方式」（Mannheim, 1936）。他將思想放在具體的歷史的－社會的情境中，在這種情境中個別分化出來的思想會逐漸顯現出來。因此，不是一般的人（man in general）在思考，或甚至是孤立的個人在思考，而是在某個團體中的個人發展出了特殊的思考風格（style of thought），這是源自於他們對所處的共同位置中的某些典型情境無窮盡的反應（Mannheim, 1936: 3）。

　　根據研究曼海姆甚深的考舍（L. Coser）所云，曼海姆身處於一個各種意識型態紛陳並且相互鬥爭的時代，作為知識分子，曼海姆深感應設法調和不同的觀點，將某一集團的基本假定，轉換成另一集團的語言，而這也是曼海姆理論的旨趣（Coser, 1977: 460-461）。

　　根據曼海姆的說法，他之所以提出知識社會學這種理論，乃是由於當代思想的危機使得我們意識到思想與存在之間錯綜複雜的關係，特別是在理論與思想方式的社會連結（the social ties）上；就知識社會學所要解決

4　值得注意的是，M. Abercrombie認為，由於曼海姆的「世代」（即generation）概念類似階級，都是意指一群人在社會結構中的地位，曼海姆雖然仍強調階級的重要性，只不過曼海姆的階級是指政治衝突的宰制與被宰制關係，而馬克思的階級是指在經濟關係的地位。曼海姆的階級觀，與其對意識型態與烏托邦的區分有著密切的關聯；即意識型態是統治階級的思想，烏托邦乃是被統治階級的思想，烏托邦要改變現狀所以與宰制階級發生政治鬥爭。詳見Abercrombie（1980: 38）。

的問題來說，一方面，它要尋找建立可行的（workable）的標準，以確定思想與行動之間的關係，另一方面，知識社會學為求徹底解決當代思想的困境，它希望發展出一種理論，以闡明人類知識中非理論性的條件因素（non-theoretical conditioning factors）的意義（Mannheim, 1936: 264）。

作為理論的「知識社會學」有兩種涵義。一是有關透過對社會關係的各種描述與結構分析影響思想途徑的純經驗理論；經由這種純經驗理論而進入有關效應問題此一互動關係的知識論研究，是知識社會學的第二種涵義（Mannheim, 1936: 266-267）。

所謂「純經驗理論」，曼海姆稱為「知識的社會確定性之研究」（the Investigation of the Social Determination of Knowledge），這是將知識社會學視為一種社會理論或實際思想的存在的確定性（existenial determination of actual thinking），或者可釋為廣義的「知識的實存性」（Seinsverbundenheit des Wissens）（Mannheim, 1936: 267）。他是從兩個方面來論證知識的實存性的。他認為，第一，歷史上知識的發展並非完全依照內在法則（immanent laws），也就是說，不是純然來自「事物的本質」或「純粹的邏輯可能性」，不是起源於「內在的辯證」（inner dialectic）。相反的，實際思想的出現或具體化，在許多決定性關鍵上大都受到各類非理論因素的影響，曼海姆稱這些非理論因素為「存在性因素」（existential factors）；第二，它們不僅與特定觀念的起源相關，而且還影響到知識的形式與內容。知識社會學已表明，任何知識活動與知識分子的地位都不是空中之物，而是有著深廣的社會文化關聯域，知識活動只有獲得社會文化價值與大眾生活理想的支撐，才有生存與發展的土壤。[5]

對於其學說的認識論問題方面，曼海姆以為，謝勒曾說當代乃是一個「平等化的時代」（Zeitalter des Ausgleichs），[6]這是指當代已打破以往的互相隔離、各自孤立且把自己世界視為絕對的思想，而以各種方式融合在一

---

[5] 關於曼海姆對非理論因素對人類認識過程的影響的進一步論證，詳見Mannheim（1936: 268-278）。

[6] 有關謝勒的學說及其對曼漢的影響，請參閱Hamilton（1974）& Frisby（1983）。

起，各團體與各階層間的溝通更為頻繁。

　　但是，當溝通者之間的文化、社會背景差異過大時，這兩種人就無法在同一個對話軨域（universe of discourse）中進行討論。在這種情況之下，人們通常有兩種選擇，一是「各說各話」（talking past one another），曼海姆認為，這是在一個所謂「平等化的時代」中所不可避免的現象。另一選擇是，透過一個具體問題的歧見來確定雙方差異的根源。這是一種不再直接面對對方具體的特定的論證，而是以重建對方的整個觀點，對將它聯繫到特定的社會團體、社會立場，來瞭解對方在具體問題上的意見或論證。曼海姆表示，後一種方式乃是知識社會學研究途徑的特徵（Mannheim, 1936: 280-281）。亦即，知識社會學就是要追溯各種思想的社會基礎，增進彼此的瞭解，以化解「各說各話」的思想危機（Mannheim, 1936: 279-281）。

　　事實上，曼海姆在這裡採用類似「歷史社會學」的研究方法，不直接研究人們爭論的內容，而繞到背後探求參與討論者其思想的存在基礎，藉以顯現其爭論只是許多視角中的一個局部觀點而已，這也就是讓討論處於一個相同的、更大的社會之下，以此克服各說各話的狀況。這種繞到對方的意見的背後，捨棄實際的具體論證，去探討對方整個思想的存在基礎，以顯示這只是許多思想基礎之一，而其觀點也不過是一個局部性的觀點而已，對曼海姆而言，這種方式在某些情境下是正當的。因為知識社會學所欲克服的是雙方在沒有共同的思想基礎下達成共識，於是轉而將本身的歧見作為探討的主題，從歧見溯及歧見之依據，乃至不同的思想根據，這至少能使「各說各話」的情況大為改善（Mannheim, 1936: 281）。

　　另外，在解決「各說各話」的時代困境這個問題上，曼海姆還寄望於知識階層；在〈知識階層問題〉（The Problem of the Intelligentsia: An Enquiry into Its Past and Present Role）這一篇清晰流暢的著作中，曼海姆首先提出一種新的方法論，即對知識階層的地位作出論述，也就是如何確定知識分子的階級或階層地位？它究竟是一個獨立的階級還是其他階級的附屬？曼海姆回答是，知識階層本身是一個「（相對上）疏離社會的知識階層」（[relatively] socially unattached intelligentsia strata），由於其成員來自各個階

層，並且他所受的教育使其「以超越環境的方式觀察環境」，因此知識階層有可能在意識型態與烏托邦的喧囂中保持一個超然的立場（Mannheim, 1971: 105-106）；其次，在該文中，曼海姆提供了一個知識階層問題的類型學分析框架：社會背景、獨特的社團、上下流動性和在一個較大社會中的功能，分析了歷史上各種類型的知識分子以及當代知識分子。他所提出的分析框架及精細的研究方法代替了自有知識人以來對此問題的放談和縱論，這恰恰是知識社會學方法訴諸知識分子的一種「反身性」（reflectivity）。這就是曼海姆的「自由知識分子」（intelligentsia）理論，這種理論認為，那些經受教育而擁有系統知識、專事智力活動的人就是知識分子，他們超然於社會各階層之外，是自由漂浮的群體，真正的知識分子不從屬於任何階級和政黨，獨立地擔當社會良知的職能（Mannheim, 1971: 106）。自由知識分子類似於葛蘭西所說的「有機知識分子」（organic intellectual），他們必須貢獻於維持或是改變世界的概念，並提供新的思考模式和方向；他們具有行動力，能介入實踐，是一個組織者、創建者與永不間斷的追求者（Gramsci, 1971）。

曼海姆（Mannheim, 1936: 10）指出：

> 每個社會都有一個社會團體，其特別任務就是要替該社會的世界提供解釋。我們稱這些人為「知識分子」（intelligentsia）。一個社會越穩定，這個階層就越可能獲得一個清楚劃分的地位或是在僵固的階級制度 （caste） 中占有一個位置。因此，巫師、婆羅門、中古時代的神職人員都被視為知識階層，每種人在其社會中都享有形塑該社會世界觀的獨占控制權，而且也能控制是否要對於其他階層的世界觀加以重建或妥協的控制權。

在曼海姆看來，真正知識的獲得，必須有這種觀照全局的距離感；全然生活在一個封閉的社會中人們，他所能獲得的只是一種錯誤的認識，亦即將知識絕對化的意識型態，而知識的真、假、對、錯與否乃相對於社

會歷史條件的存在，不是根據某個人或某些人「所宣稱」的（Mannheim, 1936: 10）。

那麼，曼海姆所欲探究的思想觀念的社會根源跟它作為一種知識的效度或真假之間有何關聯？

曼海姆以為，其理論揭露一個思想之持有者的社會立場，對此一思想的真假並未有所斷言，只不過表示我們懷疑這個思想僅代表一種局部性的觀點，此其一。曼海姆的另一個重要任務，即對一種思想作徹底的、完整的社會學分析，能夠在內容上以及結構上，對此思想觀念加以定位，換言之，曼海姆不僅要建立思想與社會條件之間的關係，同時要確立其有效的範圍，即相對於某種歷史社會條件，某種思想有效或正確（Mannheim, 1936: 283-284）。

自曼海姆之後，知識社會學已發展出較有系統的知識社會架構，從早期較重視知識社會建構的鉅觀層面，逐漸轉向認知主體與社會實體建構的微觀分析。它對日常生活中被認為理所當然的「現實」（reality），提供了反省和批判的平臺，雖然它帶有「相對主義」的色彩，但無論是理論或方法論上，都給予當代文化教育研究新的議題和視野，例如「意識型態的批判」，對於教育行政或政策，課程與教學或是道德教育與訓輔，都提供了合理性與合法性思考與批判的分析基礎。他們認為：學校課程（教育知識）的選擇、分類、傳遞與評鑑都和社會結構有關，並且反映出該社會權力分配的現實狀況，簡單來說，知識本身亦形成階層化。

依曼海姆理論：學校課程與教學的實施，大都由社會上的優勢團體在掌控；這些優勢團體根據自訂標準，安排並運用學校課程來灌輸某種價值、信念或意識型態，使學生被動接受事實，而壓抑了學生主動批判的能力，結果形成不公平的社會再製現象。這樣情形也發生在教材選擇中，因權利與知識的影響導致權利者能控制並支配教育。如J. Anyon所說的：

> 「整個課程選擇的範圍偏向有權、有勢者的利益。雖然以公正方式呈現，但是從歷史詮釋卻可以看到為這些利益團體的優先性及活動提供一個意識型態上的合理性；同時對那些與既

得利益團體相互競爭，訴求社會接受與認可之團體並未賦於合
法性觀點」（Anyon, 1979: 379）。

四 實體的社會建構：柏格與陸克曼的二度建構

對知識的社會性論述提出更具開創性視野的學者是彼得‧柏格（P.
Berger）與陸克曼（Thomas Luckmann）。

柏格是當代頗具影響力的社會學家，奧地利裔美國著名社會學家，
路德教派神學家，他專注於研究宗教社會學和社會學理論，作品的核心內
容是社會和個人的關係。柏格著有《社會學導引——人文取向的透視》
（*Invitation to Sociology-A Humanistic Perspective*）、《知識社會學：實體的社
會建構》（*The Social Construction of Reality-A Treatise in the Sociology of Knowl-
edge*）、《神聖的帷幕：宗教社會學理論之要素》（*Sacred Canopy: Elements
of A Sociological Theory of Religion*）等書。

他在《社會學導引——人文取向的透視》（以下簡稱「導引」）一書
中以知識社會學來切入實質社會學領域。柏格在序言中聲明，這本書是以
一般的讀者群為對象，因此他避免使用各種對讀者來說過於艱澀的學術語
言，或者是一副說教的用語，柏格希望他的「導引」只是一種邀請，邀請
讀者一起遨遊於社會學世界，他認為，社會學是一種「莊嚴的遊戲」、一
個「非常刺激而且重要的知識世界」（黃樹仁、劉雅靈譯，1982：5）。

我們雖然每天浸淫在這個「非常刺激且重要的知識世界」裡，卻常常
在把它視為想當然爾、理所當然、自然而然，然而，這個知識世界卻隱藏
著許許多多被人們所忽略、不為人知的秘密，實在值得探索。社會學家正
是要帶領人們去揭開這個知識世界的秘密。

在「導引」中，柏格把握社會學最基本的精神：事件永遠沒有表面
上看起來的那麼簡單，他希望讀者能把社會學當作一種個人的興趣，這是
一種「嘗試去瞭解」的努力，也是「在人力所及範圍內盡可能使之純粹」
的認識 （perception）活動（黃樹仁、劉雅靈譯，1982：12-13）。正是這種
強烈的、無休止地對人類行為感興趣的社會家，對每一戶人家產生強烈好

奇心，渴望洞悉門背後隱藏著的人類世界。柏格強調，這種發現的興奮，並不是像物理學家或人類學家那種來自於發現以前完全不知道的事，而在於「發現以前所熟悉的東西改變了原來的意義」（黃樹仁、劉雅靈譯，1982：24-27），例如我們看似是一個浪漫的愛情故事，其背後可能是某種精密且不為人知的社會階級機制在運作著。

接著，柏格認為，社會學是一種獨特的意識形式，特別常在多元文化情境中產生，也就是當有可能對不同的、甚至可能是相互矛盾的意義體系之間做選擇時，社會學就誕生了；柏格是以社會學觀點來看待人類的存在，即人們如何在社會情境的變動中重新選取、詮釋、建構自己的生命傳記與存在意義。在「導引」中，柏格也討論在「社會」中的「人」，看人置身在一張社會地圖中，這個地圖是如何透露個人的社會能力、對社會生命的想望與期待以及哪些特殊社會力量造就了他現今的定位；不僅如此，柏格從另一個角度反過來看，即在「人」之中的「社會」，從這個角度看的是，社會位階對個人的地位身分與意志的意義；柏格接著指出，任何社會情境都是個人得以實踐自由的舞臺與機會，社會其實就像是一齣戲，一齣呈現了西方社會學傳統中社會結構與個人行動、制約與抗拒辯證互動的戲碼；最後，柏格總結了因著社會學研究所產生的知識的覺醒力量與其所涉及的倫理議題，強調社會學就是一種人文主義，它繼承了從文藝復興以來人文主義精神，在當代進行「解放知識」的任務。

《導引》一書不僅是理解被稱為「柏格學派」（Bergerian）的入門書，也是探討知識社會學的重要著作，本書是後來被稱為「柏格學派的」「人文社會學派」或「建構學派」（Constuctionist）的「宣言式」著作（黃樹仁、劉雅靈譯，1982）。一如柏格所言，「社會學最好不要僵化為一種無幽默感的科學主義的態度，因為這會使我們看不見與聽不見社會景觀的詼諧」（黃樹仁、劉雅靈譯，1982：166），正是柏格這種既嚴謹又輕鬆的態度讓他的作品勾起人們好奇、激發人們的熱情。

後來柏格與陸克曼合作的《知識社會學：實體的社會建構》，該書主要探討基督徒與政治及社會、文化及道德的關係。書中提供聖經的背景資料，剖析猶太基督徒在以上各方面的傳統看法，又從歷史的角度分析教

會在這些方面所採取的三種模式──與之分離、與之認同，或嘗試進行改變，從而提出一些原則，幫助現代的基督徒認識及面對他們及社會的責任，並在生活中履行這些責任時取得均衡。[7]

當然，最重要的是，柏格與陸克曼在此書中對知識社會學做了進一步的演繹，更豐富了自謝勒、曼海姆以來的知識內涵。

柏格與陸克曼對社會生活的實在性，做了系統性的分析，透過「現象學還原」（phenomenological reduction）方法，[8]掌握在社會過程中，實體與知識間的關聯；他們對「實體」與「知識」的定義如下：「『實體』是關涉到現象，但獨立於我們意志力之外，而為我們所承諾其存在的性質。『知識』乃為現象是真實而具有特殊特性的確定性」（Berger, & Luckmann, 1966: 1）。

接著，作者就提問：「何謂真實？」「我們如何能認識？」一般的看法是，實體事實上是已然被視為當然地為日常生活中的凡夫俗子們所接受，但是，柏格與陸克曼正是從現象學反思的角度，不把實體視之為當然，藉此揭示實體的社會構成過程與條件。

實際上，社會學家的研究對象是日常生活世界中有血有肉的一般販夫走卒，因此，研究者不能將自己限制在學術的象牙塔中，單憑著自己的思維去解析社會實體，這種對實體的強制態度，是無法真正認識社會的。柏格與陸克曼強調，研究者通常習慣於理論思考，但是，社會學是經驗科學，一旦離事而言理就如緣木求魚；日常生活的常識世界有其固有的結

7　柏格（P. Berger）&樂格曼（Berger & Luckmann），鄒理民譯，《知識社會學：社會實體的建構》，臺北，巨流，1991年。譯者將The Social Construction of Reality翻譯為「社會實體的建構」，我不以為然，在本文中，作者將它翻譯為「實體的社會建構」。由於中文譯者錯落之處頗多，因此，在本書的引註中，援引此書大部分來自英文版本，Berger & Luckmann（1966）。

8　認知主體與外在事物的相遇，認知主體排除外在感覺經驗，透過想像力與移情作用，於意識結構（即意向性─Intentionality）中，客體排除了人為的建構並如其所是、恰如其分顯明其自身。而這種暫時「中止」對客體存在的信念的態度和方法，就被稱作「現象學還原」（phenomenological reduction），即從感覺經驗返回純粹現象之意。詳見Husserl（1982：6）以及王振輝（2010）（第一章）。

構，也有它自成一格的客觀分類體系，研究者斷不能以其太過粗糙就予以
摒棄；例如社會學家就應去理解在人際互動過程中，一般人所採取的類型
化概念，不但要能掌握客觀的分類架構，還要能掌握其主觀意義，這樣才
能真正認識社會現象。

　　就行動者來說，行動者都是以自然態度來面對他的生活世界，在他看
來，世界是個有秩序的實體，是一個已經客觀化並且實際存在的世界，行
動者通常都會理所當然地接受這個客觀的世界；但是，就社會學家來說，
他不能理所當然地接受世界的構成，而必須對它存而不論，以還原到研究
對象構成之初。經由這個現象學還原步驟，世界就不再是行動者視為理所
當然的個人世界，而是由所有行動者共同構成的互動主體世界（Berger, &
Luckmann, 1966: 20-26）。

　　在這個互為主體世界中，人—我之間並不是截然的對立，主—客間也
沒有那麼明顯的區分，每個社會成員都在這個互為主體的世界中，共同分
享共有的結構；正是這個共有的結構讓行動者於日常生活中的交往，得以
採取類型化圖式（typificatory schemes）（Berger, & Luckmann, 1966: 30）。互
為主體的溝通也確保了社會秩序、社會規律，在人與人互動中，是以類型
化的方式呈顯，而所謂的社會結構即意指這些類型化的總集合（Berger, &
Luckmann, 1966: 33）。行動者在社會結構中，接受了這些類型化圖式，日
復一日，隨著時光的流逝，這些類型化圖式變成日常程序而被行動者所視
為當然地接受，在種種社會活動的場合與儀式，日常程序就很自然地被行
動者所採行（Berger, & Luckmann, 1966: 43-46）。至此，社會實體已然被建
構完成，而這仍須經由研究者來加以分析。

　　柏格與陸克曼在本書中特別討論知識及語言在個體與社會互動關係角
色的架構。他們指出，個體與社會互動過程是個體主觀意圖的「客觀化」
與客觀的社會對個體的「內化」，也就是個體欲將其主觀意圖實踐、遂行
或使成為於客觀的社會，而社會也將會透過各種功能與方法使客觀成為個
體的一部分，而知識或語言提供了這兩個方向的過程（鄒理民譯，1991：
34-36；Berger, & Luckmann, 1966: 20-22）。我們將這個過程解構成三個部
分：（一）個體的主觀意圖及其成為社會客觀的現實（reality）；（二）

社會或客觀的現實對個體所進行社會化；（三）知識或語言在過程中的角色。我們最關心的焦點則是第一部分即個體的主觀意圖及其成為社會客觀的現實。

對個體的主觀意圖成為社會客觀現實，也就是客觀化這個問題，柏格與陸克曼的解釋是，這是人類的活動特性即習慣化使然，當經常性的行為頻繁而且規律地出現，就成了一種習慣，習慣化久而久之而形成了典型（typification），在社會而言，這種典型就是制度。制度意味著，歷史與控制因為典型形成的過程是歷史；而控制是為了確保制度存續，因此相應於制度皆配置制裁機制。然而，對於一個以上的個體共同生活而言，制度化只是形成「一度建構」（first order construct），形成共同體還需要形成「二度建構」（second order construct），也就是合法性（legitimation），它是透過長時間的習慣或典型的積累所出現的價值與規範（鄒理民譯，1991: 70-131; Berger, & Luckmann, 1966: 53-104）。

依據舒茲，二度建構的理論世界，必須依賴一度建構的生活世界；雖然，這兩者都有著各自的類型化活動，也都有著各自的概念體系，但是，生活世界乃是理論世界的準超驗基礎，也就是理論所以能形成的社會性基礎。憑藉著生活世界的多采多姿，理論世界也就可以不斷地有所翻新、修潤。在此，柏格及陸克曼接續舒茲的研究，發展出實體的社會建構論，並為詮釋社會學建立了分析所需的理論基礎。根據他們的研究顯示，理論世界此概念世界是根植於現實世界的一度建構，它來自研究創造者的價值分享與意義抉擇，逐漸發展出的二度建構的世界。從社會學的觀點來看，社會理論與現實世界的關係在於，二度建構的概念世界是從一度建構的現實世界發展出來，而這種理論研究之所以能對人們的經驗知識有幫助，是因為它經由研究者某種程度的精簡與篩選。在此同時，對研究者來說，所有這些二度建構的概念世界也慢慢轉變成有意義、有價值的符號體系，個別的觀點與研究均在此體系中不斷地被檢視。

事實上，從一度建構到二度建構的過程就是一種象徵化過程，它就是意義形成的過程，所有人類經驗都發生於象徵世界中，而象徵世界就是在歷史發展過程中的社會產物（Berger, & Luckmann, 1966: 94-97）。當我們

要求「回歸實體」時，我們最終會發現，所謂實體的本質，就是被大家視為理所當然地接受的象徵世界，這個象徵世界是個互為主體的世界。在這個互為主體的世界中，行動者的言行舉止都有其意義，而且彼此都能接受，行動者行事是否得宜都有其判斷的標準（Berger, & Luckmann, 1966: 96-97）。

　　總之，就如學者評論，柏格及陸克曼在方法論上強調「回歸實體」，藉著對實體的釐清而掌握社會學的本質。他們採取現象學方法論的進路，對日常生活世界中凡夫俗子所視為當然的態度存而不論，透過現象學反思，重新認識這個世界原來是個互為主體的有意義世界，在這個互為主體的世界中，存在著某些客觀的結構而為行動者所接受。但行動者作為社會價值的承載者，他們依著不同的社會情境與分殊的社會利益，而對這些客觀的結構有不同的親和性，並依其親和性去詮釋、解讀他們所面臨的客觀結構。由此，柏格及陸克曼說明了知識與社會存在之間的密切關聯，為社會文化與教育的分析，奠定現象社會學的研究基礎（翟本瑞，2013）。當然，就本文而言，他們更清楚地揭示了知識複雜的社會性，從而讓人們瞭解到根本不存在知識的價值中立性、絕對真理這類議題。

五　結語

　　事實上，從當代知識社會學的觀點來看，任何知識的產生與功能是非常複雜的社會、政治互動過程，它是不同意識型態和社會利益相互角力的過程；因此，關於相關課程改革研究應該著眼於權力鬥爭（contested）、中介（mediated）、與協商（negotiated）的過程，並檢視新課程改革背後的社會政治意涵，更要進一步去提問「誰的知識最有價值」（Whose knowledge is of most worth）的知識社會學問題，而不是「什麼知識最有價值」（What knowledge is of most worth）之類的價值中立問題（Apple, 1979; 1985）。

　　跟社會學的其他分支學科比較，知識社會學把社會學家這個問題闡述得相當清晰，它的基本主張便是權力決定了知識的形成，知識社會學試圖

去清理從思想到思想者再到他所處的社會環境的發展脈絡。

綜合以上論述，我們認為，自謝勒以降的知識社會學所呈現的知識觀點在以下幾個方面指出當代教育研究者，值得關注的面向，特別是在課程改革時，對課程內容及其呈現、教學方式的啟發（黃曉慧，2013；楚江亭，2013）：

第一，我們必須重新去把握知識的社會建構；根據調查，學者發現：絕大多數人（82.75%）通常都認為知識是「客觀的」、「價值中立的」、「普遍正確的」和「確定無疑的」，且認為知識是「純粹的」、「無偏見的」。這是傳統的知識觀，而在這種知識觀的影響下，人類的教育中出現了一系列的問題：

1.在以往的文化教育理論界，有關知識的問題很少被人們注意到，也沒有得到應有的研究。

2.以往課堂教學所造成的危機是，教師照本宣科，學生學習成績下降，學生視上學為畏途，於厭學、輟學者眾；可是若依臺灣教改的精神，要求教師自訂適性教材，大部分中、小學教師又沒那種能力與專業。

3.師生缺乏對知識的反思、批判、追問、探究的能力，如此情況，也就無法針對他所傳授的知識具有任何批判意識，也因此，教改中的創新意識和能力的培養常常成為一句空話。

4.當前社會變遷加速，導致師生關係的危脆，教師不獲學生與家長的信任，校園倫理蕩然無存，這就形成一個不確定、不安定的教育環境，師生間的知識傳授當然就受到更多的扭曲和挑戰。

5.師生不能清醒、深刻地認識到知識背後社會價值因素和個人因素的影響與滲透以及知識的「社會性」、「價值性」、「境域性」、「不確定性」、「可疑性」、「角度性」或「偏見性」的。

6.師生缺乏對知識與社會道德、價值判斷等關係的深刻理解以及知識生活中「科學霸權」、「知識霸權」的認識，也無力對日常生活中「社會霸權」的清醒分析和認識。[9]

---

[9] 以上人類教育所出現的系列問題部分，參考楚江亭（2013）。

　　第二，我們必須瞭解，人類通過社會結構「製造」了知識；按照知識社會學的觀點，知識是由社會建構的。它的意思指的是，人類不是發現了客觀世界或知識，而是通過引入一個結構而在某種意義上「製造」了它。值得注意的是，「社會建構」通常是隱喻事物或知識形成的社會性質，也可以說，是指事物或知識本身的社會可改變性（包括其過程和結果）。它所蘊涵的是這樣的一種理念，即事物或知識的結構、內容和形式等是通過社會因素的作用和影響而得以形成為其自身的，它不是從無始以來就存在那裡等待被發現的東西。

　　第三，更重要的是，知識沒有價值中立、永恆不變的問題；知識社會學的知識觀點否定經驗主義（或實證主義）、理性主義的認識論，以及相應的知識觀。知識社會學認為知識是被主體參與而建構的，進而否定知識的絕對客觀性、絕對正確性、價值中立性和確定性，認為知識都不是純粹的，而是包含多種因素作用的，沒有絕對正確的、永恆不變的知識、思想和觀點。而是承認知識是具有「社會性」、「價值性」、「境域性」、「不確定性」、「可疑性」、「角度性」或「偏見性」的。

　　對教育者與教育研究者來說，這種「知識的社會建構觀」有以下的教育意義 ：1.有利於改變人們原有的知識觀、課程觀；2.有利於深化課程問題的研究；3.有利於克服課堂教學危機；4.有利於建立新型的師生關係；5.在研究教育的同時，也能考慮到知識的總體以及科學知識的特殊性，即知識具開放性、具體性、動態性、靈活性等特性。

　　第四，社會位置決定思想，知識社會學這一洞見告訴我們，人類應更謙虛，因為我們所瞭解的東西都是片面的、有限的；知識社會學認為，一個人在空間觀看一對象，從特定的位置只能得到對象的某一側面的圖像，不可能同時再現對象的全貌。因此，任何觀察都是從一定的角度出發的，而這一角度又是由觀察者所處的社會位置決定的。

　　同樣，人們生活在社會中，總要處於一定的社會位置上，這種社會位置也決定了他們看問題的社會角度。兩個人所處的社會境況不同，他們看問題的社會角度也不同。思想家同樣是生活在社會中，他們也處於一定的社會境況中，位於一定的社會位置上，這些社會境況和社會位置同樣造成

了思想家看問題的社會角度不同。因此，當一個思想家創立某種理論或思想體系時，他的社會境況就通過他的社會角度進入了他所創立的理論或思想體系中，使他的理論或思想具有了社會性。因此，社會角度是思想獲得社會性的重要中介。

最後，透過知識社會學建構一個完整知識的可能；知識社會學從社會的空間廣度、歷史的時間深度，以現實因素的作用、知識的建構傾向與心智力量三重向度審視社會中成為「知識」的各種現實，由此彰顯了其核心問題之一「知識是如何呈現的？」在從現實向度到可能向度的發展中，從理論到心智的開發裡，知識社會學試圖顯現知識呈現的各種策略；藉助知識社會學的以上的觀點，在教育的改革中，對課程知識的呈現策略作深入研究，可使課程社會學從原有只對「課程內容」的關注轉移至對「課程知識呈現策略」的關注，我們之所以必須強調對課程知識呈現策略的關注，是因為內含於知識呈現中的各類因素比起知識內容中的因素更為潛隱、更難察覺，從而也更加重要。

參考文獻

一、中文部分

王振輝（2010）。重返生活世界：教育與哲學的對話。臺中：樺豐。

江日新（1990）。馬克斯・謝勒。臺北：東大。

艾彥（譯）（2000）。Max Scheler著。知識社會學問題。北京：華夏。

何道寬（譯）（2008）。Peter Ludwig Berger著。與社會學同遊。北京：北京大學出版社。

唐曉傑（譯）（1993）。H. S. Broudy著。知識的類型與教育目的，載於瞿葆奎（主編），教育學文集（頁9）。北京：人民教育出版社。

陳伯璋（1993）。意識型態與教育。臺北：師大書苑。

陳榮邦（2005）。考試引導教學在影像診斷學課程的應用。醫學教育，9（1），71-79。

黃福其（2011，12月20日）。洪蘭：「標準答案」扼殺創造力。聯合報，11版。。

黃曉慧（2013）。舍勒的知識社會學及其啟示。2013年5月13日，取自http://www.pep.com.cn/kcs/kcyj/ztyj/xsyt/ 201008/t20100824_708340.htm。

黃樹仁、劉雅靈（合譯）（1982）。P. Berger著。社會學導引——人文取向的透視。臺北：巨流。

楚江亭（2013）。知識的社會建構：對知識性質的教育社會學追問及啟示。2013年5月13日，取自：http://library.crtvu.edu.cn/edu/upload-file/20051011174658761。

鄒理民（譯）（1991）。P. Berger & T. Luckmann著。知識社會學：社會實體的建構。臺北：巨流。

翟本瑞（2013）。網路文化與虛擬生活世界。2013年5月13日，取自http://www.xwcb.org/html/2012/newmedia_ 0328/30. html。

趙萬里（2002）。科學的社會建構—科學知識社會學的理論與實踐。天津：天津人民出版社。

劉小楓（1999）。舍勒選集。上海：上海三聯書店。

錢撲（2003）。論教育社會學對知識社會學的接納。教育科學，**19**（5），19-23。

關永中（2005）。謝勒知識社會學的形式問題。**國際文化研究，1**（2），43-80。

鄔昆如（2011）。**希臘哲學**。臺北：五南。

二、外文部分

Abercrombie, M. (1980). *Class structure and knowledge*. Oxford: Basil Blackwell.

Anderson, W. (2002). Postcolonial technoscience. *Social Studies of Science, 32*, 643-658.

Anyon, J. (1979). Ideology and United States history textbooks. *Harvard Educational Review, 49*(3), 361-386.

Apple, M. W. (1979). *Ideology and curriculum*. New York & London:Routledge.

Apple, M. W. (1985). *Education and power*. Boston: ARK.

Berger, P. L. , & Luckmann, T. (1966). *The social construction of reality: A treatise in the sociology of knowledge*. New York: Anchor Books.

Carlsnaes, W. (1981). *The concept of ideology and political analysis: A critical examination of Its Usage by Marx, Lenin, and Mannheim*. Westport, CT: Greenwood press.

Coser, L. (1977). *Master of sociological though*. New York: Harcourt Brace, Jovanvich.

Eaton, R. (2002). *Ideal cities, utopianism and the (Un)built environment*. London: Thames & Hudson.

Frisby, D. (1983). *The alienated mind*. London: Heineman, Education Books.

Gramsci, A. (1971). *SPN: Selections from the prison notebooks of Antonio Gramsc*. NY: International Publishers.

Hamilton, P. (1974). *Knowledge and social structure*. London: Routledge & Kegan Paul.

Husserl, E. (1982) Ideas pertaining to a pure phenomenology and to a phenomeno-logical philosophy. 1st Book, *General Introduction to a Pure Phenomenolog. trans F. Kernsten*. The Hague: Martinus Nijhoff.

Larrain, J. (1977). *The concept of ideology*. Athens: The university of Georgia press.

Mannheim, K. (1936). *Ideology and utopia: an introduction to the sociology of knowledge*. London: Routlage & Kegan Paul.

Mannheim, K. (1952). *Essays on the sociology of knowledge*. London: Routlage & Kegan Paul.

Mannheim, K. (1971). The Problem of the Intelligentsia: An Enquiry into Its Past and Present Role. in *Essays on the Sociology of Culture*. (4th impression) London: Routledge & Kegan Paul.

Scheler, M. (1925). Die Formen des Wissens und die Bildung. *Bonn: Friedrich Cohen*, 25-26.

Vallas, P. S. (1979). The Lesson of Mannheim's historicism. *Sociology, 13*, 459-474.

Wagner, H. R. (1952) Mannheim's historicism. *Social Reasearch, 19*(1), 300-321.

第二章

當代溝通的困境與教育中溝通理性之重建

一　前言

　　溝通可以說是最簡單的事情，可是它也是最困難的工作，說它簡單，是因為每個人都做得來，只要能講話，一般的行為能力，都能做得到；說它困難，是因為雖然我們每天都在跟人家溝通，可是常常詞不達意、誤解別人的意思、一廂情願的理解，或者受到某些我們不知道的價值觀與意識型態的影響而講出的話、做出的動作讓人不舒服、困擾與痛苦，所有這些更進一步會造成人際的衝突、社會的對立、國家之間的戰爭，一句話：不安與煩惱皆肇因於溝通不良，所以說它是最為困難的工作。社會上因溝通不良所造成的悲劇所在多是（林俊宏，2010）。

　　身為教育者，我們整天寫文章、口語講授、規勸學生、循循善誘同學，事實上都是一種溝通，對上級、對平輩和對下屬、學生，無時無刻不在進行溝通；其中，我們通過溝通要達到教育學生的目的，溝通更顯其重要性。最近看到一則令人動容的師生關係，它是這樣寫的：

　　　　68歲退休大學講師韓曦晨，5年來無怨無悔，守在高齡89歲的初中老師病榻旁，陪恩師羅敦健走完人生最後一程：老師臨終前拉著他的手，感激地說：「我們下輩子再做師生吧！」為近一甲子師生緣，譜下令人動容的休止符。

　　　　韓曦晨一頭白髮，退休前是明新科技大學物理講師，羅敦健是他50多年前的恩師，2月8日辭世，享壽89歲。2月27日上午，數百名學生為羅敦健舉行告別式，與會者不乏大學校長、將領，當看見韓曦晨自費刊登的「我們敬愛的老師走了」訃文，無不熱淚盈眶。80多歲的退休講師葉詠絮感慨說：「世上再也找不到這樣的學生了！」

　　　　韓曦晨1954年讀初中，受教於羅敦健，當時學生不多，生活清苦，師生間互動頻繁，就像個大家庭。韓曦晨說，孑然一身的羅老師，像極了詩仙李白，瀟灑狂放不羈，暗地資助貧苦孩子，薪水幾乎全花在學生身上。

初中、高中6年與羅老師朝夕相處，培養出父子般情感，韓曦晨後來從技術學院助教，一路當到大學講師，成家立業後，依然每星期到老師住處噓寒問暖。

10年前，羅敦健身體狀況愈來愈差，韓曦晨為了照顧他，常在學校、醫院兩頭跑，後來索性退休，全力照顧恩師。

老師在遲暮之年，常與韓曦晨在病榻旁吟詩作對，或笑談昔日趣聞。2006年間，羅敦健中風摔倒，生活無法自理，說話也不清楚，韓曦晨幾乎每天幫他刷牙、刮鬍子、餵食，日常起居照料都由他一肩扛起。雖僅能以眼神、手勢交流，卻因心靈相通，溝通無礙。

半年前，羅敦健因肺炎必須插管，再也無法言語，吃東西更是不易，韓曦晨還是買來老師最愛的過橋米線和豬肝湯，細心餵食。

8日上午，羅敦健突然醒轉，雙手緊握著曦晨，嘟噥地說：「這麼多年來真是謝謝你！我們下輩子再做師生吧！」不久含笑沉睡，當天稍晚離開人世。韓曦晨說，能和老師共處近60年，也是一種福報吧！（蔡彰盛，2010）

我相信很多從事教育工作的人，大多嚮往這則新聞中的師生關係，希望自己與學生能達到其中的「心靈相通，溝通無礙」的境界。

很多人都知道，師生關係乃為學校學習環境中最為重要的一環，師生彼此之間的互動影響學生極鉅，它會影響到學生的學習態度、價值觀念、人格發展，甚至是未來成就，而理想師生關係的建立，大部分有賴於為人師者具備良好的溝通素養與技巧。隨著人們對教育性質的認識不斷深入，「教育即溝通」成為一個時髦且深刻的命題，師生之間的溝通情形直接影響著學校教育的效果，由此師生溝通成為現代教育研究一個頗受關注的領域（潘琳譯，2006）。最近國內交通大學甚至開出一門教導學生如何約會的課程，普受學生的歡迎，據開課的陳膺宇老師表示，現在的學生只會上網，卻不懂得與人互動，希望藉由模擬約會計畫，讓學生面對真實世界的

人際交往（史倩玲，2010）。可見學生是多麼渴望無礙的溝通。

在本文中，我們透過哈伯馬斯（J. Habermas）對人際溝通的獨特觀察，來深入理解當代社會特別複雜的溝通問題，並嘗試用以反思教育現場中，我們所碰到的種種切膚之痛的教育問題。

 ## 現代人溝通的困境——生活世界的殖民化

誠如前述，溝通本身就已是相當困難的事，亟需人們謙虛地學習；然而，當代的溝通更加困難，這是因為當代社會由於科技的高速發展、社會競爭愈趨激烈，特別是多媒體與電腦網路的快速崛起，各種影音分享社群普受喜愛，新人類習慣於畫面的演繹，對於傳統典籍閱讀的嚴肅性、深奧的文字愈來愈陌生，特別在講求速度的網路世界裡，新人類所使用的語言文字都變成無厘頭的火星文，其結果是，面對鋪天蓋地而來、人們無法檢別的資訊，事實的真相是什麼已經不是人們所關心的了，反而是悠遊於虛幻空間的當下直覺取代了現實的真實性，這種現代性的發展讓人們的社會生活的互動、認同皆喪失其確定性，它直接導致的結果是人們在現實社會裡頭的溝通更形困難、人際關係越是疏離。

但是哈伯馬斯認為，這種現代溝通困境、人際疏離其實有其更深遠的因緣，這就是當代社會生活世界面臨相當嚴重的「殖民化」（colonization）現象，也就是說，他認為，人類的生活在現代化的催促下，每個人都陷入了一種沒有差異、沒有個體性且視勞動力為抽象普遍的商品的困境（Habermas, 1987: 335），如此，人們的日常生活陷入了普遍的貨幣化、機械化、標準化，人也就喪失了其應有的自主性、獨立性和能動性，從而喪失其溝通的興趣與能力。

原來在哈伯馬斯的理論與分析中，他把人類的社會生活看作是一個整體，對這樣的社會生活他則以「系統」（system）與「生活世界」（lifeworld）所共同組成的社會模型來加以解析（顧忠華，1990：195）；這是他用以觀照現代西方社會的合法性危機時所使用了一種「雙重的社會概念」，也就是「系統－生活世界」的雙重架構。按，系統和生活世界之間

的區分是建立在馬克思關於社會勞動理論之上的，依馬克思主義的觀點認為，只有勞動而且是活勞動才能創造價值，無論剩餘價值還是其他形式的利潤、利息、地租等均來自於僱傭工人的剩餘勞動，其他物質性生產要素，如土地、房屋、機器設備等，雖在價值形成過程中發揮作用，但價值的源泉只有一個，即活勞動，也就是人的勞動（馬克思，1975：11-12）。在哈伯馬斯的理論中，勞動不僅為人類的再生產提供物質條件，而且是人類世界知識源源不絕之來源，哈伯馬斯更進一步將勞動視為帶目的性的行動，即帶目的的工具理性（purposiverational），它總是要通過計算來達到一定的目的，這種工具理性的勞動更在現代社會裡逐漸具體表現為技術統治，如此，「技術問題以合理性的、指向目標的組織手段和合理化的工具選擇的形式出現」（Habermas, 1973: 3）。在當代社會，這種工具理性最後形成一種更具威力的科學意識型態，哈伯馬斯如此描繪這種意識型態的力量（Habermas, 1989: 88-89）：

> 一方面，與以前所有的意識型態比較起來，技術統治的意識是「更少具有意識型態性的」，因為它並不具有一種只顯現為掩蔽利益實現的不透明的力量；另一方面，它作為今日占統治地位的，更細緻的背景意識型態（Hintergrundideologie），使科學成了比舊的意識型態類型更難以抗拒的，更具深遠影響的偶像。

技術統治正是緣於其非意識型態的透明性和細緻背景性力量讓當代人們無從抗拒，因此，「系統」領域主要就是由工具理性行為主導，哈伯馬斯將以權力和金錢為媒介的政治和經濟系統作為它的基礎，而將系統與工具理性行為連接成一個整體即資本主義的發展，而且這種工具理性正不斷擴張甚至侵犯了生活世界領域。這裡，哈伯馬斯深刻揭示了科技理性對人進行控制的表現形式，這種科學主義與客觀主義甚至進一步演變為「科學的政治觀」；所謂的科學的政治觀指的是，科學知識能夠客觀地解決一切政治問題和道德問題。科學主義和科學的政治觀，實質上就是科

技理性開始毫無限制地僭越到政治系統並進而侵入生活世界的具體表現。社會的「生活世界」原本是由溝通行為主導的，哈伯馬斯提出的溝通行為包括文化傳播及再生產，社會一體化及社會化。人們的共同目標是共同的社會整合，生活世界是人們進行日常溝通的基本結構（Habermas, 1987: 332-377）。

　　哈伯馬斯認為人類社會的環境可分為三個部分：外部自然（客觀世界）、社會系統（社會世界）、內部自然（主觀世界）（陳學明譯，1994：120）。「社會系統」的出現是社會用符號把自己與其環境區分開來，而同時與客觀世界及主觀世界發生關係的過程：人們在生產過程中占用客觀世界、榨取自然資源，並把所釋放的能量轉化為使用價值，在此，「系統」指的便是人類社會對其複雜環境的操控能力逐漸制度化的表現；而在社會化過程中「系統」占用了主觀世界，把系統成員變成能發揮作用的主體（陳學明譯，1994：16-17）。顯然哈伯馬斯所說的「生活世界」便是主觀世界，是系統功能、溝通行動得以運作的視域（horizon），此視域是一種經由文化傳遞、被語言組織並且再現出來的各種詮釋模型（Habermas, 1987: 124）。[1]

　　從視域的角度來說，在生活世界中有兩個最重要的元素，即文化與語言，文化是意義的來源，而語言則是意義得以實踐的規則；文化與語言是社會成員間用以相互瞭解的媒介；亦即，透過語言的言說活動，不同的主體對特定情境所擁有的共同認定，便是交織在生活世界之中。生活世界可理解為人類生活於其中的社會文化背景，一方面它是由溝通結構而形成的人際關係網絡，另一方面，它也是我們所共享的各種概念與價值觀。但這並不是說一個社會的生活世界是永恆不變的，相反的，生活世界時時在變

---

[1]　哈伯馬斯使用「視域」（horizon）一詞來自詮釋學，其原始字義為「地平線」，意為：每個人都是在其歷史的存在中，展開其理解活動，因此，由歷史所形成的「地平線」，便決定了一個人的理解視野。詮釋學認為，原本每一個學者所提出的觀點的背後便存在著一種視域，因此，當我們在理解一個觀點時就是一種詮釋過程，便是一種視域的融合（Horizontverschmelzung），是學者的文本（text）與讀者（reader）間持續往返的視域交融。

化，當我們對生活世界作「理論性的反思」時，它便又被察覺為一個狀況
（situation）而對其作討論與重建，如此循環往復，因此它是一個各種價
值、觀念與人際關係的不斷再製（生產）的世界，社會的整合與溝通也因
此得以繼續（Habermas, 1987: 133-134）。

我們大致可將哈伯馬斯所說的「系統」理解為市場上的經濟運作和
行政機關，「系統」之所以會出現原本是每個社會為自己找出了一個提綱
契領的方式來組織，處理內、外關係，最後用制度來支配社會各種功能的
運作，對繁複的社會進行協調和供需。但在當代社會裡，隨著社會發展愈
來愈高度分化，各個系統都必須有其運作的邏輯，最後制度中的子系統卻
產生了自我操控的運作邏輯，即可以協調各個社會行動間溝通往來的中心
化媒介（如政治系統中的權力、經濟系統中的金錢）自行以自己為標準去進
行普遍化的運作（Habermas, 1987: 156-157）。這當然是一種系統的自我膨
脹，把它自己變成普遍的邏輯；於是，在哈伯馬斯看來，現代社會中的
「系統」，便成了以非語言的媒介，取代具有規範結構的語言溝通，進而
引導成員的社會行動之制度化運作邏輯（簡妙如，2013），社會成員的關
係逐漸地被那些媒介所介入並宰制。原本在系統領域內就並不重視主體的
言語使用與互動，或達成意義的理解與共識，特別是在現代高度分化的社
會中，現代社會的系統無不為體現技術性的活動，它側重以科學化手段、
具效益且準確地達成目標。然而，生活世界卻不然，它依然遵循著溝通理
性原則，強調主體之間的討論與反思過程，側重交往與實踐性的活動；可
以這麼說，系統體現目的－工具理性行動，而生活世界當中則體現溝通理
性行動，它們分別以自然科學知識以及反思性知識作為其認識範疇的代表
（Habermas, 1979）。

哈伯馬斯認為，現代社會的演化狀況一方面是系統這邊的複雜性不
斷地升高，另一方面則是生活世界為因應這些複雜性也開始提升其理性化
（rationalization）（Habermas, 1987: 153）。社會的複雜化導致系統必須不斷
分化，以致成為自主性的組織（autonomous organizations），而後脫離了與
生活世界之語言的聯繫，而以其他非語言的媒介（如貨幣），作為系統自
行運作的機制。這使得社會中的活動往來大量地與規範、價值脫離，而

成為由工具理性所引導的經濟與行政活動。於是生活世界也被系統所入侵，開始不斷地朝向工具理性的方向發展，最後導致生活世界被系統化了（Habermas, 1987: 154-155）。

　　依哈伯馬斯，系統與生活世界的分離原本是社會進步的標誌，這種分離有其合理性，是現代化的必要過程。因此，就哈伯馬斯來說，當代社會的危機並不必然表現為系統與生活世界的分離。當代社會的真正危機在於，系統無法遏止自身的膨脹，日趨分化和複雜化的系統肆意侵蝕、干擾和控制生活世界，以致讓社會陷入了困境，哈伯馬斯認為，理性化是在系統世界和生活世界兩個層面同時進行的，而不是韋伯認為的只在社會行為領域發生。生活世界事關文化、社會和人格的再生產，生活世界的失敗就導致意義的喪失和無所適從、社會失序、沒有社會共識、種種心理疾病。而系統世界就是韋伯所說的社會制度的理性化，它的運作有它自己的邏輯，非個人所能決定，他說：「當次系統（經濟和國家）通過媒介（金錢和權力）從被嵌入生活世界境域公共機構系統中徹底分化出來時，形式上組織起來的行為領域就產生出來，這些行為領域不再通過相互理解的機制得以整合，它們脫離生活世界的上下文關係，凝結成一個無規範的社會性」（Habermas, 1987: 156-172）。

　　這種困境，用哈伯馬斯的話說就是「生活世界的殖民化」（colonization of Lifeworld），它意味著生活世界的社會整合功能，已轉變為系統性質的整合，實踐問題被誤認為技術問題（Deflem, 1996）。此時「私人經濟生活的自主性，被市場經濟消費欲求所左右，而公民政治生活的自主性也轉化為對政府權力的消極盲從」（曾慶豹，1998：214）。當前許多社會組織事實上都存在著這個問題，例如學校運作，原本應以教學即師生關係為主體的教育社群，在現代化、資訊化、網路化及國際化等發展趨勢下，學校組織不斷分化下，最後導致行政肥大症，也就是教育行政部門組織越分化越多、人員數額愈來愈龐大、權力與資源愈來愈集中，使得原本以教學為主的教育組織到最後轉變為教育行政主導下的教育困境。

　　生活世界理性化的具體表現是，傳統價值和生活方式不斷遭到挑戰、批判甚至是淘汰，取而代之的是人們行為功利化；在系統世界的理性化表

現則是，隨著時代的演進，系統愈來愈複雜、愈來愈組織化，而當科技愈是先進複雜、職業分工愈細，此時個人對系統的控制力及組織的影響愈來愈弱，組織運作成本也愈來愈高，最後，系統世界是只能依賴金錢和權力來調節。

事實是，在現代社會，系統對生活世界的入侵和擠壓愈來愈形嚴重，當系統愈龐大、強大，生活世界就愈蒼白無力。現如今支配著系統的金錢和權力，同時也支配著生活世界，因此，生活世界的起心動念、言語造作就愈來愈喪失其意義了。其次，系統世界的格式化本質也使得系統的機制滲透到了文化、人文、教育等領域，也就是說，在這些領域裡也淪為權力與金錢的遊戲，金權機制取代了人類互為主體的機制，這就是物化。在此一意義下，我們可以說，當今世界的危機並不是經濟壓迫、政治專制和意識型態的束縛，而是系統的自我膨脹並侵奪生活世界、滲入社會的各種關係，生活世界的本質遭到侵蝕並由此失去其獨特的人性價值，原本活生生的、有血有肉的生活世界被僵化的系統壓迫、征服乃至奴役，這是哈伯馬斯所講的「生活世界的殖民化」。

從人類的溝通行為來說，生活世界的殖民化意味著日益膨脹的系統優勢破壞了溝通結構，意味著市場機制和科層化的權力不斷侵蝕著那些原本屬於私人領域和公共空間的非市場和非商品化的活動，也意味著生活世界的金錢化和官僚化，乃至變成一種商品和行政管理的關係；於是，當代資本主義社會的異化所呈現出來的現象就是生活世界的媒介化，金錢和權力作為抽象的溝通媒介取代語言的相互理解，侵入到它不該進入的領域。這就是晚期資本主義新形態的異化（汪行福，2005）。

在現代資本主義社會，由於工具理性的片面發展，理性被等同於目的—手段的關係。因工具理性而產生的社會支配性思想即是所謂「技術官僚意識」（technocratic consciousness），依學者詮釋，「技術官僚意識」不同於以往自由資本主義時期自由市場的思想，自由市場掩蓋階級對立的實質，而技術官僚意識則是抑制生活世界中的道德意識。這種支配性社會意識的缺點是：1.問題本身的合理性成了解決問題在內容上是否正確的判斷，最後演變成了對一種解決方法是否正確的判斷；2.它將人的一切生活

領域和人際關係都納入資本主義官僚機構的管理範圍，完全抹煞了人的自由和個體的差異；3.一個技術官僚的管理完全建構在「效率」的基礎上，金錢和權力成為決定性的關鍵。這種技術官僚意識的盛行導致了一連串的惡果：即善與惡、真與假、美與醜的意義的解體，判斷事物標準的模糊，以及人與人關係的破壞。如此，經濟、政治、司法、教育等行政管理領域形成了各自特有的規則，並且與固有宗旨發生異化，到頭來它們愈來愈深入、具體地干預家庭生活、人與人的關係、甚至個人生活領域，最後，舖天蓋地的工具化管理和制度更決定了人們的行為規範。如此一來，傳統那些人與人之間相互協調和理解的價值在全面的外部干預下逐步流失，生活世界的合理結構被嚴重腐蝕殆盡（楊立雄、楊月潔，2007）。

　　哈伯馬斯通過生活世界殖民化的闡述，來揭示晚期資本主義文明危機根源。在此，他援引韋伯的看法，認同社會現代化就是社會合理化；但是，他進一步把社會合理化分為生活世界合理化與系統合理化兩個層面，前者是指溝通行為合理化，後者是指工具理性行為合理化。哈伯馬斯指出，現代文明的危機，關鍵並不在於現代化或合理化本身，而是在於現代化的破碎化、合理性的單向度化，也就是說，系統與生活世界脫節並因而造成的生活世界殖民化，才是晚期資本主義文明危機的真正原因（王鳳才，2013）。

 ## 三　重建生活世界

　　系統與生活世界脫節造成的生活世界殖民化，因此，哈伯馬斯於是提出完整知識之重建來回應現代社會的危機。

　　綜合前面所述，「工具理性」所高揚的科技萬能的意識型態則使現代社會陷入「合法性危機」之中；實證主義知識觀造成自然科學主義的意識型態，也使社會研究的自然科學化；系統的入侵生活世界造成人的物化（reified），強調客觀性造成客體宰制（object-dominate），也造成了生活世界的殖民化。如此的現代性帶來了晚期資本主義社會的危機。

　　那麼如何面對被工具理性宰制的人類思維？如何回應實證主義充塞的

世界？如何看待一個被殖民化的生活世界呢？假如批判理論只是為了批判而批判，為了否定而否定，那麼到了最後不是淪為虛無主義嗎？

當然不是，社會批判理論者乃是透過批判當代社會企圖重建一個完整的知識世界、完整的生活世界。

哈伯馬斯指出，一切科學認識都是以興趣（Interests）為前提的，認識關係就是興趣關係。興趣與認識是不可分割的，興趣滲透在認識過程中，認識活動本身內含著價值取向和價值判斷。哈伯馬斯強調，主體的認識興趣決定了其科學活動，而每一種科學活動又反映著特定的認識興趣。在此，哈伯馬斯沿著笛卡兒－康德－黑格爾－馬克思－之批判傳統，進行「全面的人」（而非片段的人）知識完整之重建，彰顯人的社會實踐意義（Habermas, 1972）。

哈伯馬斯依人類勞動、互動、權力分配三種生存最基本興趣，分別是「實證知識」、「詮釋知識」和「社會批判的知識」三種各自獨立而有不可或缺的知識系統；與之相對應的是，主體認識活動中也存在著三種興趣：技術興趣、歷史－詮釋興趣和解放興趣。

所謂的「技術興趣」是就「勞動」的生活要素來說，由於在人類最原始的社會中，勞動具有工具性行動的意義（如捕魚、採集食物），因此工具性行動所關心的是如何以最少的勞動以獲致最大的收穫。所以如何控制和預測世界就變成人類共同的要求，而這種關心喜好即為「技術興趣」，其引發的就是「經驗－分析」的學科，目的也在建立最正確、最符合「規律性法則」的資訊或知識。

所謂的「歷史－詮釋興趣」是由「語言」的生活要素所衍生而來的是在「溝通行動」中，透過互為主體的瞭解所形成的「實踐的興趣」。它是「歷史－詮釋性」學科成立的基礎，目的也就在於對人類典章文物制度的解釋或說明，其命題的效度即在於互為主體的理解，和其是否具理解的開放性而定（Habermas, 1972）。

所謂的「解放的興趣」是從前面兩者興趣衍生而來的，它成為人們生活要件之一，也就是「權力」的面向；解放的興趣一方面批判進入人類社會行動中產生扭曲的溝通方式；另一方面，解放的興趣也是一種要求「自

主」和「負責」的意志，它致力克服此扭曲的溝通形式，使個人或社會得以解放。此即「解放的興趣」，它可以克服錯誤的意識型態和僵化的權力支配，讓人朝向反省和批判，目的也在於自我或社會的解放（王佩君，2004；黃瑞祺，1996：171）。

依哈伯馬斯，在這三種興趣底下人類發展出來並形成了三種科學形態：自然科學、文化科學和批判的社會科學（黃瑞祺，1996：171）。在此，哈伯馬斯以人類的社會文化為根據，發展出一個浩瀚的知識論架構，用以徹底反省知識的問題，並批判實證論的思潮，他稱之為「認知興趣」（cognitive interest）或「知識構成的興趣」（knowledge-constitutive interest）（吳坤銓，1997）。

技術興趣是人們使用現代科技占有或支配外部世界的傾向，其目的是人類擺脫自然界的控制，完全讓人類從自然界的盲目統治中解放出來，其精神在於控制自然並因此累積客觀知識。歷史－詮釋興趣則在詮釋和深入探討人類本質及發展過程，目的是將人從頑強的意識型態中解放出來。而解放興趣是人類對自由、獨立和主體性的興趣，其精神是認識自由的條件，把人類的主體性從權力的束縛中釋放出來。哈伯馬斯認為，上述三類興趣都是在勞動、溝通和權力的三種人類存在的狀態中產生的。在勞動中，人對自然實行技術性控制，從而表現了技術興趣。在溝通中，人理解了社會規範、道德及相關問題的重要性，理解了歷史及人們自身，從而表現了歷史的詮釋興趣。在自由和權力的追求中，人類憧憬著公正，對種種不對稱的權力關係予以反思和揭露，從而表現了解放興趣。

在技術興趣的趨動下，人類的自然科學研究有著大幅的進展，當代社會中，它表現為一種對自然和客觀知識的探索。它企圖在理論上讓研究外部現象客觀化，甚至進一步去預測行為。特別是在近代伊始，自然科學對人類社會的發展發揮了極大的推進作用，這種發展自然也被轉移到社會行為的研究。然而，任何社會行為都是在一定的歷史關係中發生的，它原本就隱含了主觀的造作和意義的創化，在這方面，自然科學是無法回應的，而這正是文化科學的特質；文化科學強調，要真正瞭解主義的造作和意義的創化，只有把放在它所發生的特定歷史脈絡中；在此，文化科學正

是表現了歷史－詮釋興趣，歷史－詮釋興趣也為文化科學提供了源源不絕的動力；此外，相應於解放興趣並因此而發展起來的是批判的社會科學，批判的社會科學的理想是，企圖擺脫人際中內外限制的自由的交往關係並且達成一種普遍的、沒有壓制的共識。哈伯馬斯認為，在晚期資本主義社會裡，在技術興趣宰制下的自然科學，尤其是科學技術，已被統治階級所濫用，而那種根植於歷史－詮釋興趣的交往關係，也遭受極大的破壞，現實世界是，獲得社會共識的途徑是少數掌握著政治和經濟大權的人在操弄。面對這種形勢，只在提倡並發展解放興趣主導下的批判的社會科學，才能使人類擺脫物質短缺和人際關係的種種衝突與對立（李英明，1986：79-80）。

因此，在哈伯馬斯看來，人類社會理想生活要同時分別培養「工具理性」、「溝通理性」、「批判理性」等三種不同的理性，人才可能是完整的人，人的知識才可能是全面的知識。在此，哈伯馬斯的知識論似乎提供了一個全新的視野，超越了我們過去對知識的瞭解，它的貢獻在於實證與反實證之外，提供第三種知識的可能，它可以處理社會中因權力引發的扭曲及問題，讓人在權力不均衡而產生的複雜社會問題表象中找到出口。人如果能兼具這三種知識，面對不同的問題以不同的知識來回應，才可能完成理想的社會生活，成為現代生活中全面性的人（李英明，1986：80）。

那麼，如何成為一個現代生活中全面性的人？按哈伯馬斯，要成為一個全面性的人，就必須重建一個整全的生活世界，哈伯馬斯認為，而我們的生活世界又被系統所扭曲了，所以唯有透過人類「溝通理性的重建」與「理想言談情境」（Ideal speech situation）的確立，才能消解意識型態的問題，重建我們的生活世界。在此，哈伯馬斯把意識型態視為一套因不勻稱的權力關係（asymmetrical relations of power）所導致的「系統扭曲的溝通」（systematically distorted communication）、一套有關因系統而變形了的社會觀念（李英明，1986：80，96）。

哈伯馬斯認為意識型態的社會宰制現象是透過語言而形成的，當語言淪為人們藉以「偏頗」地表達個人或某集團的意見（如透過政治宣傳、大眾傳播媒介、文化產業等），從而成為壓抑別人或其他集團意見的工具，

這種人與人之間的溝通境況就是一種「系統扭曲的溝通」，它對個人的需求和欲望會造成壓抑、甚至形成精神病，表現在整個社會層面，就是一種意識型態的社會宰制現象（李英明，1986：96）。

 ## 四　理想言談情境

哈伯馬斯以為，對於意識型態的批判與消解，並不是以一套新的意識型態來取代舊的、被視為虛偽的意識型態，而是要肯定人具有溝通理性（communicative reason）和溝通能力（communicative competence）、可以進行自我反省、並能與別人形成自主、和諧且毫無宰制的溝通情境，在這種「理想言談情境」（ideal speech situations）下，對意識型態進行批判與消解（李英明，1986：101-102）。

為了解決現代社會的「系統扭曲的溝通」，於是哈伯馬斯致力於溝通行動理論的建構。

據哈伯馬斯的理論，人類社會語言溝通的基本單位並不是語句，而是將語句應用於特定的溝通情境，亦即「言談行動」（speech act），這是語言（language）與行動（action）的統一。標準的、完整的言談行動包括：

1. 意思要素（illocutionary component）

此要素的功用在顯示說話者說某一句話的確定意涵，在言談行動中，意思要素有著「建立」並「反映」人際關係的功能，它是一種激發、促使聽者依說者的言語來行動的能力（Habermas, 1998: 8）。意思要素的能力在言談行動中通常是一些動詞，這些動詞並非在描述或報導現象，而是在「執行」某些動作或「下達」一個指令。意思力除了表示它具有「作」某種行動的性質，而且還代表言辭行動可以建構人際關係的能力。由此可知，如果聽聞者「瞭解」並「接受」說者所說的，說者與聽聞者之間的關係就建立起來了。

2. 命題要素（propositional component）

此是說話者所說的或所傳達的內容。命題要素也可分為說話者所要傳達的內容即述詞與指涉詞等兩部分，指涉詞指出說者所要說的人或事物；

述詞則述說在指涉詞之後所要表達的意思。

　　當人們溝通進行時，意思要素最先出現藉以顯明相互間的人際關係，不同的角色關係在言談行動中有不同的意思力，而雙方也都認同彼此的溝通關係時，隨之而來的就仰賴命題要素傳達訊息。亦即一個成功的言談行動，溝通雙方都必須同時在「意思要素」和「命題要素」取得同意和理解，前者是溝通雙方「互為主體」的層次，後者則是「命題內容」的層次，此為言談行動的雙重結構（王佩君，2004）。

　　由此可知，有些話主題相同，但言談的力量不同，其意思也就大大不同了，這是因為，言談行動的意思力並不一定表現在言辭上面，它可能隱含在語調、表情或姿態中，如果聽者不能瞭解隱含在說者命題語句中的意思，那麼就不可能做出合宜的反應。

　　除此之外，哈伯馬斯更指出，人際溝通行動之所以臻至理想，乃奠定在說話者的言談行動符合以下四個「有效宣稱」的前提之上：

1. 可理解性宣稱（comprehensibility claim）

　　即說話者所說的話語，必須符合文法規則，使聽者可以理解；語言世界的意義的詮釋，可以透過翻譯、解說以澄清語意。可理解性宣稱可說是其他三個有效宣稱的前提，也就是說，言談行動的雙方應該都可以理解對方的語言，不論他們所使用的語言有多麼的不同，如果任何一方的語言是別人所不能、無法理解的，那麼溝通就是無效的，而其他三個有效宣稱也不可能發生。然而，做為一個溝通者，在文化、經驗等因素的影響，往往並不一定能讓對方瞭解自己的話，此時則必須透過解釋和回饋等過程，來對自己的話加以澄清。

2. 真理性宣稱（truth claim）

　　即語言命題所指涉的對象確實存在。這是屬於一種認知的溝通模式，對應於客觀世界，具有認知事實的功能。哈伯瑪斯認為事實是客觀存在的，因此在溝通與對話的過程中，想讓對方相信自己的話，必須言之有物，不能虛擬造假。然而，我們也常常發現，事實有時具有多面向的性質。因此就必須透過論辯的過程，將事實逐漸釐清，而為雙方所共同接受。正如學者所指出的：因為當我們提出一個命題時，必然也在實踐行為

的語用學部分中明確的、或隱含的說話，我們有理據的認為我們所說的內容是真的，而在必要的時候我能加以證成。中文的日常用語很能解釋這個觀點的道理所在，比如我們說話如果自己不「當真」（für-wahr-halten），那麼別人也不會把你的話當「真」，我或別人如果說話不能「當真」，那麼他所說的內容就像耳邊風一樣，不會被「當一回事」。這樣一來，想要透過言語溝通以完成人際之間的互動就不可能達成（林遠澤，2002：87）。

3. 正當性宣稱（rightness claim）

這指的是說話者的語言態度、口氣與內涵，能符合雙方的社會倫理規範。這是屬於一種互動的溝通模式，對應於社會世界，它有調節行為、建立合法人際關係的功能。人是處在一個具有規範的社會中，相對地，人的言談行動也必須符合社群所共識的規範。唯有符合社群的共同規範，才能使自己的話被成員所接受。但是，有時也會發現，規範有時並不是公平或合理的。此時，就必須透過溝通和對話，對規範進行批判和修正，而使規範為所有成員所遵守，此也意味著一種新的關係的建立。

4. 真誠性宣稱（truthfulness claim）

即說話者真誠表露意向，以取得聆聽者的信任，並以長期的行動，達到溝通雙方之互信（黃瑞祺，1990：133, 140）。這是屬於一種表意的溝通模式，對應於主觀的內心世界，具有表意的功能。表意性言談行動所要表達的，就是個人內在的感覺、價值和情感。亦即，對於溝通和對談的結果，所有社群的成員必須將共識化為具體的行動，如此才能使成員真誠互信。「光說不練」的人，將失去其信用，而使別人對他的話大打折扣。由此可知，「身體力行」才是語言獲得他人信任的最佳保證。

在溝通行動中，除了所使用的語言是彼此可共同理解的條件之外，行動者必須預設三種有效性條件，即真理性、真誠性及正當性。溝通行動是指「兩個或以上的主體通過語言協調的互動而達成相互理解和一致」這種行動；溝通行動是「主體間通過語言的交流，求得相互理解、共同合作」的行動（鄭召利，2002：73）。溝通行動是一種內在活動，它使參與者能毫無保留地在溝通後達成意見一致的基礎上，使個人行動計畫合作化（洪

佩郁、蘭青譯，1994：142，386）。溝通行動也是通過相互理解、達成意見一致，從而是行動者社會化的過程，更是行動者在溝通過程中建構他們自己的同一性，確證並更新他們的同一性的過程。

據學者研究，哈伯馬斯這四個「有效宣稱」各有其特質，即可理解性宣稱所指涉的是「語言性」，而它的特色就是「非意識性」（unconsciousness），意即語言都是在使用者沒有意識到任何支配我們的語言規則，而且也不用思考應依據何種規則就可自然流暢地運用；而所謂的真理性宣稱，它所指涉的是「互為主體性」，它的特色在於「非單獨主體性」，也就是所有語言都有所指涉，而其指涉的對象確實存在；至於適當性宣稱，它所指涉的是「程序性」，它的特色是非實質性，也就是說者的語言情境符合社會規範；最後，所謂真誠性宣稱，它所指涉的是「開放、暫時、可誤性」，它的特色是「非絕對性」（林子超，2013），指的是言說者不偏執己見，願意聆聽、理解他人的觀點。

哈伯馬斯在〈溝通行動理論〉中，就表示參與一個公共事務的討論情境中，只要溝通者擁有平等參與、議題開放、自由參加以及具批判性的場域中，又符合四項有效聲稱的條件下，公民的言談討論就不會遭到來自於其他權力機關的扭曲，過去存在於公共領域的理性批判和理想的言談情境仍然有回復的機會（Habermas, 1987）。在哈伯馬斯看來，當人的言談行動一發動，企圖與別人進行成功的溝通時，他必須預設並且滿足這四種有效宣稱。而且這四種有效宣稱事實上是作為「溝通能力」而存在每一個人身上的，並且是可以在人們社會實踐中實際運作的。由此可見，哈伯馬斯嘗試將其理論奠定在溝通理性之上，期望它不要走上絕對主義或集權主義。因此，就哈伯馬斯言，理想言談情境並不是虛無縹緲的烏托邦，因為它具有高度的歷史意識，而且希望透過人們理性的社會批判和務實的實踐一步步地體現它，最重要的是，其理論假設仍是人類理性的反省能力。

綜合哈伯馬斯所提出的溝通理性有二個特徵：其一，溝通理性是一種對話式的理性（dialogical rationality）；其二，溝通理性是一種反覆辯證的理性（discursive rationality），這對當前教育與行政人員的溝通有重要的啟示（黃宗顯，1988）。然而，要讓這種反覆性辯論的言談行動能夠進行下

去，必須在理想的情境之中才有可能實現，而所謂的理想情境是指以下幾種內涵：

1.在人們討論過程中，所有參與者都能夠有相等的機會來進行理性的言談行動。

2.每個參與者皆有相同的機會使用「陳述性的言談行動」，以便互相進行解釋、說明、質疑、辯駁或辯解。易言之，討論過程中的每個概念與問題都必須經過彼此不斷的檢驗與批判。

3.所有的參與者皆有相等的機會使用「表意性的言談行動」，自由表達自己的態度、意向及情緒，讓參與者之間能夠相互瞭解。

4.所有的參與者都有一樣的機會使用「規約性的言談行動」，如提議、否定、同意、禁止等，以避免只有單方面的約束力與權力（陳議濃，2003）。

因此，學者認為，由哈伯馬斯溝通理性所導引出來的結論是，哈伯馬斯認定：

1.傳統理性獨斷性及其造成的痛苦，並不意味著理性也跟著終結了：哈伯馬斯認為傳統理性並非理性的惟一形式，他所發展的溝通理性可為當代社會提供新的契機。

2.科技理性固有其內在矛盾，但這並不意味著要去否定科技：哈伯馬斯認為科技理性本身並沒有問題，真正問題的根源是工具理性的過分膨脹，為此，我們要盡力解決工具理性和溝通理性的失衡，而非全盤否定科技理性並拒絕現代性。

3.現代社會有其危機，然而這並不意味人類的理想就會因而蕩然無存：哈伯馬斯坦承現代理性社會有異化之危機，但他卻是個樂觀主義者，堅信解放人類的異化、人性的全面救贖是吾人永遠的使命和希望。他更認為，現代社會的特徵就是在災難威脅、產生異化的過程中，人類同時展現其反省、發展、進步的潛力，為此，工具理性宰制並不像韋伯所認為的是現代資本主義社會的必然結果，而是能夠以溝通理性治癒的一種偶然影響（林子超，2013）。

質言之，對哈伯馬斯來說，這樣的溝通行動是一個「理性」的溝通過

程，這就是一種「溝通理性」，它通過關於事實、規範及經驗的言語溝通達到相互理解後，必能確立行動主體所共同遵循的行動或價值規範（鄭召利，2002：80-81）；因此，這是一種關於真理的共識理論（consensus theory of truth）。事實上，必須在溝通行動中，特別在一個「理想言談情境」中才能達成共識；這裡「理想言談情境」指所有參與者都有相等的機會，參與陳述的、表意的和規約（regulative）的言談行動，在沒有任何不公平或強制的條件下，進行平等真誠的溝通與對話，並排除只對單方面具有約束力的規範和特權（李英明，1986：119）。哈伯馬斯認為藉由透過「言談」的行動和溝通，才能激發批判、反省的能力。因此欲建立理想的社會，就必須使得社群的所有成員，皆有平等的發言機會，在一個無宰制的環境下暢所欲言。此種無宰制的言談情境，即為哈伯馬斯的理想言談情境。而此一理想言談情境即是一個未被破壞扭曲的溝通，也被哈伯馬斯用來當做批判的標準，並藉此來掃除一切阻塞溝通的障礙物（Kearney, 1987）。

學者曹衛東認為，哈伯馬斯所建構的溝通理性理論，其最終目的在於重建理性。他說：「我們姑且把法蘭克福學派這個差異性大於同一性的鬆散團體看作一個整體。那麼，他們共同的興趣，與其說是所謂的大眾文化批判，毋寧說是社會批判和理性重建，再概括一點，就是現代性批判」（曹衛東，2013）。

總之，在哈伯馬斯，現代性並未絕望，它還有希望，它的希望在於溝通理性，並以此建構一個理想的溝通情境。

五 學校教育的溝通理性

綜合以上所述，哈伯馬斯期望以其「溝通理論」重新建構人類的溝通情境；其理論前提為「溝通理性」，「重建人類的溝通能力」則是它的基本原則，它用的方法是「啟蒙、反省、批判」，希望獲致「成熟、自主、解放」的目的，最終理想則是「經由理性溝通達成理想的社會」；哈伯馬斯期許每一個人都可以在不受任何壓力或意識型態束縛的情境下，對公共領域自由討論、協商與論辯（黃瑞祺，1996）。

那麼，人們要問：哈伯馬斯這樣的溝通理論在教育領域是否可行呢？

在教育領域，我們首先看到的是師生關係，學校作為一種公共領域，教育有其特殊的屬性，它既是一種知識的傳授，也是人格養成的地方，通過教育，最終也要將個人導入社會群體的公共領域之中，在教育的過程中有一些自由的討論卻又不是那麼充分自由的溝通情境，對學生來說，學校有許多情境無疑是先賦的、無法自主的，可是在這樣先賦的條件下，我們教育的目的卻是希望學生最後能成為一個自由的主體；那麼，學校是不是準用哈伯馬斯的理性溝通藉以達到「經由理性溝通達成理想的社會」？這是一個頗值得討論的議題。有學者就持反對立場，認為：

就「教育本質」來談，Habermas溝通行動論用於一般的師生互動的話，確實給人相當多的省思空間，且與人本主義所宣稱的意涵相當接近，但是若要達到真正無宰制的理想情境，似乎又不易下手。因為教育本身的性質之一就是宰制，教育涉及教材選擇、價值認定、敘述詮釋等範疇，如要教育呈現「無」的狀態，勢必很難完成所謂的教育功能或水平，對「主流意識」無非是一種挑釁。當然，筆者無意持傳統的教育觀，但對於師生之間教與學的互動，仍主張有一程度的給予（宰制）。因為學生的大部分知識、經驗，相對於老師是屬於較不成熟與薄弱的，在這種認知的限制上，學生又如何能夠去真實、客觀與公正地批判與剖析一些事情？更遑論嘗試去挑戰老師的知識權威與整體的社會。誠如前文所提，所謂的批判是要構築在對事情的通盤瞭解之後所採取的一種行動，倘若僅是為了陳述情感上的不滿或個體的利益得失，那這並不稱為批判，也不值得推崇。另外我們究竟是要學生有批判習慣、技巧或知識？還有會批判就真的能解放嗎？這都是得去仔細檢視的問題（陳議濃，2003）。

然而，就如前言所說，教育活動就是一種溝通，而且是一種極為複雜

的溝通過程，它不是單向度的「宰制」過程；事實上，如果我們從教學的特質去探討就會發現，教學不僅僅是一種簡單的資訊傳遞，它是「教」、「學」雙方同時進行著極為複雜的「詮釋性」轉換過程，其間，師、生隨時皆會因其特殊理解與感受，採取自認為有意義的方式與他人、環境進行互動，在此互動過程中，師、生雙方事實上是以一種合作的方式、反省的態度彰顯出教育所創造的價值。在此一詮釋性過程，施與受（即教師與學生）都同時交織在此特定的影響脈絡當中，並且不斷從中進行意義的創造與發展（陳美玉，1996：54-56）。

易言之，教室內的所有知識與教育實踐，皆與師生的主動造作、其詮釋理解的互動機制密切關聯，而教室是師生從事各種生命交會、生活探索、知識論辯之場所，在此場域（field）中，師生不斷推翻舊觀念、建構新概念，賦予概念新意義，並加以檢證，尋求各自的真實理解（Prawat, 1996）。

特別是像臺灣這樣一個民主開放的社會，教育更肩負著培育未來公民的重責大任，在我們這種民主的教育體制下，學生乃學校教育中建構知識的核心主體，而教師正扮演著影響此種知識品質的關鍵角色。所以，唯有師生在此一知識生成的過程，以尋求視域交融的心態，增進對彼此的觀點與感受的擬情理解，由師生不斷合作反省，建立起開放性的溝通互動迴圈，學校教育才足以創造出符合民主社會需求的知識（陳美玉，2000：40）。

在此一理解下，我們認為，正是透過開放性溝通的學習，學生才能夠去學習如何真實、客觀與公正地批判與剖析人類知識與社會現象，從而成為現代民主社會的負責任的公民，而這也正是當代教育的目的。

其次，就教育政策來說，哈伯馬斯的溝通理論也鼓勵成熟、自律、負責的相關人員參與，特別是傳統的教育政策，往往只由專家所擬定，而在民主的社會中，應當讓「專家」、「政策利害相關人」和「治理機關代表」共同參與政策決策。而哈伯馬斯的溝通理論告訴我們，讓成熟、自律、負責個體參與決策，其溝通之後得到的共識，所有成員皆必須遵守。因此教育政策溝通的過程中，應當鼓勵成熟、自律、負責的相關人員參

與，如此教育政策才能真正落實。這特別值得臺灣教育決策人員省思，因為在這個教育界裡，教育決策權完全掌握在資源分配者手中，其決策模式往往也是由上而下，有時縱然也舉辦了公聽會或決策會議，底下的人也噤若寒蟬，在權力不對等、資源握在別人手裡的情況下，也必然只能俯首「同意」上級的決定了。例如2011年臺灣在物價上揚與軍公教調薪的情況下，各大學的辦學成本高漲，是以面臨要調漲學雜費問題，但是教育部長卻在立法院斬釘截鐵地說：「今年大學學雜費絕對不漲」（郭美瑜，2013），此種完全政治性的決定，甚至就直接跳過召集各大學協商、辦公聽的程序，不顧各大學辦學的品質，由教育部長一人決策，就是一個實例。

此外，針對生活世界殖民化的問題，校園生活實際也是可以區分為「系統」與「生活世界」，系統指的是學校的行政系統，生活世界指的就是教育的主軸—教學活動；在當今學校教育中，經常發生的一種現象就是教育行政系統的肥大症，也就是說，原本應以教學為主的教育體系，在行政系統逐漸擴充之際侵奪了並主導了學校教育，就大環境來說，行政系統就是主管全國的教育部門，例如香港的教育署，據云，自1978年以來，香港普及教育迅速發展，集「行政、專業、監督」等大權於一身的教育主體結構——教育署，便快迅膨脹起來，其編制日益龐雜（共有66個組，section），其管轄範圍更是無微不至。結果，此龐然怪物運作遲鈍，對外在的刺激麻木不仁，加上以往殖民政府體制餘習，此等衙門根本無需向人民負責，於是，人民便無力監督此龐然怪物（教育評議會，2013）。就小環境來說，行政系統指的是就一個學校裡的教育行政系統，例如在中國大陸就有這種現象產生，他們稱之為學校裡的「官本位現象」，據指出，這種官本位風氣的典型表現：一是官大學問大；一些教師只要當了官，就能自然地成為教授、博（士生）導（師）、學術帶頭人、首席科學家等「學術名流」，從而引導了大學中的趨官時尚，這使教授「競爭處長」成為高校中的普遍現象。二是官大真理大：現實大學制度的科層化特徵，造成「大官」說了算的權力效應。無論什麼人，只要在大學中擔任了某項行政職務，似乎自然就具備了對大學中許多事務進行決斷的能力。在高等教育的

許多重大決策中，看不到教師和學生參與的跡象，教師和學生在高教體系根本沒有發言權。三是出現了無法監督和制約的行政權力；在運行中往往表現出「順我者昌，逆我者去」的行政威懾氣勢，致使教師們基於個人的工作保障，必須順應這種趨勢。在這種教育制度和文化氛圍中，教師和學生的權利都被視為無關緊要，「長官意志」成為學校教育中不容違抗的潛規則（王長樂，2009）。

以上這些就是哈伯馬斯說的殖民化在教育領域的表象，我們以中國大陸和香港為例並不是說在臺灣沒有這種現象，而是說，這種現象是相當普遍的，身為教育工作者，我們時時感受到這種教育場域被殖民化的痛苦卻又無力去回應它。但是，如果坐視這種系統殖民化的情況持續惡化，事實上對教育是有害無益的。教育體系中不可能沒有教育行政，但如何讓教育行政發揮它應有的功能而不侵害教育本身是哈伯馬斯溝通理論可幫助我們的地方。簡言之，由於現代的行政、經濟體系之運作邏輯不斷膨脹，因此，生活世界中的人們必須進行「理性溝通」與「公共論述」才能避免生活世界的殖民化（Habermas, 1984, 1987）。

因此，在這個意義上，哈伯馬斯的溝通理論毫無疑問地還是可以給教育者在師生互動、教育行政關係以及教育決策上許多的建議和啟示，畢竟營造一個良好友善的學習環境，追求師生互動的無障礙和心靈契合始終是我們追求的終極價值。進一步言，假如我們能建構這樣靈犀相通的理想溝通情境，那麼當代社會生活世界殖民化的問題自然迎刃而解。

六 結語

教育是一個相當特殊的領域，就溝通而言，教育是一種溝通，但它是特別型態的溝通，因為在教育領域中的結構是特殊的，其一是老師與學生，作為老師的，其天職是要教導學生知識、規範、獨立判斷，其中有社會化部分，也有個性化部分，有專業知識的單向傳授，也有人格薰習的雙向互動；其二是教育領導部門形成決策與政策的落實，也就是決策者與執行者之間的關係，在學校裡頭，決策者大都是校長、教務長（主任）、學

務長（主任）加上總務長（主任），執行者則是教師與職員工，這裡的溝通大多是命令式的、少部分是同情式的方式，而很少有所謂理性溝通；第三類則是行政與教學的分殊，學校設計的原則是行政要服務教學、支援教學，但實際的運作是教學從屬於行政、聽命於行政、受制於行政，教學逐漸喪失自主性。當然，最後，教育中的任何形式的溝通最終都會影響到學生，並且終其一生，可以說，參與校園生活中的任何人都在從事教育溝通的工作，不管他的身分、角色，不論他是否自覺。

傳統上，我們大多把教育的成功歸結於教師與學生的互動，誠如前言所舉的例案；然而，當代教育的研究愈來愈多的證據顯示，除了師生互動這個要素外，教育成功的要素還需要一個良好的「教境」，[2]即教育情境（educational context），也就是學生所生活其中的學校、班級以及學校制度、班級制度所依托、根植或鑲嵌的社會網絡，這就是伯恩斯坦（B. Bernstein）所謂的「不可見的教育學」（invisible pedagogy）（Bernstein, 1977）。良好教境的建構則有賴於優質可行的教育政策之引導、學校行政與教學合作無間的配合，而教育政策的形成、行政與教學的配合則都在在指向一個如哈伯瑪斯所期待的「理想言談情境」的建立。面對當今教育行政系統嚴重侵蝕了教學領域的情況，哈伯瑪斯的理想言談情境不啻是醍醐灌頂。

這是我們亟需努力且值得努力的方向。

2　這方面的研究為當代認知心理學對學習認知的重大轉向，其主要的思路是把學習視為人在自然與社會情境中，通過與他人或共同體進行互動活動，重構人與環境的意義，同時獲得對事物和知識的理解的過程，其中行動認知、具身認知、分散式認知為其主要特徵。如Smith & Semin（2004: 57）；Hung, Looi, & Koh（2004: 197）。然事實上，這也是潛在課程研究者所關心的議題，詳見Gatto（2005）、Jackson（1990; 1992）、Margolis（2001）以及姜得勝（2004）、張佳琳（2003）、陳伯璋（1992）、王振輝與王玉珍（2011）。

參考文獻

一、中文部分

王佩君（2004）。淺談哈伯馬斯批判理論。2004年10月15日，取自http://www.nhu.edu.tw/~society/e-j/41/41-21. htm。

王長樂（2009，5月18日）。教育行政化強化及教育精神碎片化。北京科學時報，**4**版。

王振輝、王玉珍（2011）。潛力無窮—班級經營中的潛在課程。**靜宜人文社會學報，5**（1），119-134。

王鳳才（2013）。如何克服晚期資本主義文明危機？。2013年5月17日，取自http://www.china.com.cn/chinese /zhuanti/ xxsb/648380.htm。

史倩玲（2010）。**懂上網不懂交往、交大教約會**。2010年4月13日，取自http://www.lihpao.com/?action-viewnews-itemid-7924。

吳坤銓（1997）。哈伯馬斯與學校教育。**教師之友，38**，9-13。

李英明（1986）。哈伯馬斯。臺北：東大。

汪行福（2005）。「新啟蒙辯證法」——哈貝馬斯的現代性理論。**馬克思主義與現實**（雙月刊），4，52-57。

林子超（2013）。**現代理性困境與救贖—哈伯馬斯對西方理性主義的重建**。201年5月17日，取自http://life.fhl.net/ Philosophy/bookclub/society/06.htm。

林俊宏（2010）。**新娘氣說你去死新郎真的去自殺**。2010年5月3日，取自http://www.libertytimes.com.tw/ 2010/new/may/ 3/today-so2.htm。

林遠澤（2002）。包容性的共識或排他性的團結？——站在哲學「語用學轉向」後的十字路口上。**當代，183**，76-93。

姜得勝（2004）。**「符號」與「學校教育」關係之研究**。臺北：群英。

洪佩郁、藺青（合譯）（1994）。哈貝馬斯著。**交往行動理論**（第1卷）。

重慶：重慶出版社。

馬克思（1975）。**馬克思恩格斯全集**（第32卷）。北京：人民出版社。

張佳琳（2003）。教育改革的潛在課程分析─政治社會學觀點論述。**課程與教學季刊，6**，19-35。

教育評議會（2013）。**就教育統籌局「檢討教育行政機構」的回應與建議。** 2013年5月17日，取自144.214.29.180: 3080/critics/innovation_of_ed.htm。

曹衛東（2013）。**法蘭克福學派的歷史效果。** 2013年5月17日，取自http://www.gongfa.com/falankefu.htm。

郭美瑜（2013）。**教長：大學學費凍漲**（蘋果日報2011.4.19）。2013年5月17日，取自www.appledaily.com.tw/appledaily/article/headline/20110419/33327779/。

陳伯璋（1992）。**潛在課程研究**。臺北：五南。

陳美玉（1996）。**師專業實踐理論與應用**。臺北：師大書苑。

陳美玉（2000）。師生合作反省教學在師資培育上運用之研究。**教育研究資訊，8**（1），120-133。

陳學明（譯）（1994）。J. Habermas著。**合法性危機**。臺北：時報。

陳議濃（2003）。**從Habermas溝通行動理論談教育問題。** 2003年5月15日，取自http://www.nhu.edu.tw/~society/e-j/31/31-28.htm。

曾慶豹（1998）。**哈伯瑪斯**。臺北：生智。

黃宗顯（1988）。哈柏瑪斯的溝通行動理論及對我國國民小學行政溝通的啟示。**初等教育學報，1**，169-191。

黃瑞祺（1990）。**批判理論與現代社會學**。臺北：巨流。

黃瑞祺（1996）。**批判社會學**。臺北：三民。

楊立雄、楊月潔（2007）。生活世界殖民化、話語商談與福利國家的未來：兼論哈貝馬斯與馬歇爾、羅爾斯的區別。**人文雜誌，1**，177-184。

潘琳譯（2006）。茱迪斯‧A.‧迪爾奧著。**師生溝通的技巧**。北京：新華達出版社。

蔡彰盛（2010）。師生一甲子淚盼「來生緣」。**自由時報**，電子報（2010年3月2日），取自http://www.libertytimes. com.tw/2010/new/mar/2/todayso12.htm。

鄭召利（2002）。哈貝馬斯的交往行爲理論。上海：復旦大學出版社。

簡妙如（2013）。系統或生活世界？從大眾傳播媒體的社會角色再論哈伯瑪斯的「系統與生活世界」。2013年5月17日，取自http://ccs.nccu.edu.tw/ UPLOAD_FILES/ HISTORY_PAPER_FILES/951_1.pdf。

顧忠華（1990）。溝通行動理論與系統理論。中國社會學刊，**14**，187-213。

二、外文部分

Bernstein, B. (1977). Class and pedagogues: visible and invisible. In J. Karabel and A. H. Halsey (eds), *Power and ideology in education* (pp. 511-534). New York: Oxford University Press.

Deflem, M.(1996.). Introduction: Law in Habermas's theory of communication action. In Mathieu Deflem(Ed.) Habermas, *Modernity and Law* (pp.1-20). London: Sage.

Gatto, J. T. (2005). *Dumbing us down: The hidden curriculum of compulsory schooling, 2nd ed.* Gabriola Island, Canada: New Society Publishers.

Habermas, J. (1972). *Knowledge and human interest: A General Perspective*. London; Heinemann

Habermas, J.(1973). *Theory and Practice. Trans*. John Viertel. Boston: Beacon Press.Habermas.

Habermas, J.(1979). *Communication and the evolution of society*. Boston: Beacon Press.

Habermas, J.(1984). *The Theory of communicative action. Vol. 1*. Boston:Beacon Press.

Habermas, J. (1987). *The theory of communicative cction Vol. 2: Lifeworld and system: A critique of functionalist Reason*. T. McCarthy (Trans.) Boston, Massachusetts: Beacon Press.

Habermas, J. (1989). *Technik und Wissenschaft als "Ideologie"*. Frankfurt am Main.

Habermas, J. (1998). *On the pragmatics of communication*, edited by Maeve Cooke. Cambridge: MIT Press.

Hung, D., Looi, C. K., & Koh, T. S. (2004). Situated cognition and communities of practice: First-person "lived experiences" vs. third-person perspectives. *Educational Technology & Society, 7*(4), 193-200.

Jackson, P. W. (1990). *Life in the classroom*. New York: Teachers College Press.

Jackson, P. W. (1992). *Untaught curriculum*. New York: Teachers College Press.

Kearney, R. (1987). *Modern movement in european philosophy*. Taipei, Taiwan: Simda Book Company.

Margolis, E. (2001). *The hidden curriculum in higher education*. New York: Routledge.

Prawat, R. S. (1996). Learning community, commitment and school reform. *Curriculum Studies, 28*(1), 91-110.

Smith, E. R. & Semin, G. R. (2004). Socially situated cognition: Cognition in its social context. *Advances in Experimental Social Psychology, 36*, 53-117.

第３章

教育與文化再製：
一個象徵資本的觀點

前言

　　教育是許多人的夢想，特別是窮人，因為透過教育，人們可以變得更加美好，透過教育，我們可以過著理想的生活，透過教育，人類的文化得以傳承。就集體而言，教育有著積極、正面的價值，傳承亦意謂著把人類美好的事物一代一代傳遞下去，在某種意義上，我們也可以把它視為一種文化再製。

　　然而，學術界對於這種美好事物的再製卻抱持著不同的觀點。其中，特別是在文化、教育界裡頭，近幾十年來對文化再製這個議題有許多的反省。

　　雖然同樣強調階級的宰制作用，但是與傳統馬克思主義的觀點不同，當代的「文化再製」（cultural reproduction）理論認為，資本主義社會的階級再製並不是由經濟生產過程來決定，而是文化教育過程；這是因為統治階級已經宰制了社會文化與價值觀，因而取得制定學校課程知識的內容與結構的主導權；其次，在此一社會中，任何學生入學都是在既有條件、特定情境下去吸收統治階級的文化刺激，因此，判斷學生學習績效的標準便是能否契合統治階級所主導的知識結構與屬性。如此，此一社會中由教育所促成、推動的社會流動，其秘密就深深地埋藏在學校教育與課程內容所涵蘊的階級意識型態裡（周新富，2005）。

　　在所有的文化再製理論中，法國的社會思想家布迪厄（Pierre Bourdieu）的象徵資本理論是其中最具代表性的觀點。本文最主要從布迪厄的象徵資本理論來反思當代教育。

 資本作為一種權力形式

　　布迪厄的理論以揭露文化教育的社會階級再製功能與社會篩選過程中的不平等現象而著稱於世。

　　布迪厄一再強調所有的社會、行動、思想甚至社會研究本身都涉及象徵的使用，因而任何社會學研究必然是反思的（reflexive），因此他常稱

自己的社會研究反思社會學（reflexive sociology）（李猛、李康譯，1998：48）。除了強調反思性之外，貫穿布迪厄理論的另一個基本特色是，以既是關係性（relational）又是「生成性」（generative）的解讀原則去探討主觀與客觀因素在實踐過程中，相互滲透和相互轉化的現象和邏輯（李猛、李康譯，1998）。

布迪厄在《繼承人》（*The Inheritors*）一書，分析了法國的教育並提出「文化再製」理論；布迪厄在書中認為，法國大學被視為菁英文化的神聖保壘，大學生則是這種文化的繼承人。從社會學的角度來看，菁英之所以為菁英，其原因在於他們能夠成功地排除其他人士的參與，維持自身對於某些資源的壟斷，這就是文化再製。文化再製模式是指擁有較高文化教育背景的父母，其子女在教育機會上享有優勢，於是，父執輩的文化教育水準能在子代得以繼承和延續，從而完成家庭的文化再製過程。《繼承人》指出，教育體制透過了種種細膩的文化再製過程，鞏固了社會不平等的現實（Bourdieu, & Passeron, 1978: 3-25）。

以往的形式主義哲學通常告訴人們，藝術天才乃是一種與生俱來的個人天賦，特別是在康德的美學裡頭。然而，布迪厄的理論卻表明，一切文化實踐活動中的品味，實際上與教育程度和社經背景這兩大因素相關。布迪厄表示，社會可視為多面向的空間，這是一個他稱之為「場域」（Champs）的社會空間，一個人所擁有的資本決定了他在場域中的位置；而他所擁有以及運用的全部資本總量，就是階級的判斷標準（Bourdieu, 1984: 286-287）。

布迪厄把資本主義中的「資本」視為社會文化分析中非常關鍵的議題，這當然也是受到馬克思主義的啟發；在馬克思那裡，資本主義裡的資本乃是資本家剝削勞動者的剩餘價值而來的，因此，資本體現出一種累積形成的勞動剩餘價值，更重要的是，這樣的資本具有生成性，能不斷地擴大生產和再生產，資本本身更具有交換價值，資本之間能進行轉換；從馬克思的資本理論，可以得出幾個概念：剝削、壓迫、資本的再生產（或再製）以及資本的交換價值等，在此，我們也必須注意到，在馬克思主義裡，資本的生產與再生產同樣是階級複製的前提條件，是資產階級得以

繼續剝削勞動階級的憑藉（馬克思，1975；馬克思、恩格斯，1964：217，1995：589-597）。

但是，布迪厄認為資本並非僅限於經濟資本，而且如果要全面認識和理解社會世界的結構與功能，就必須引進資本的一切形式。因此，布迪厄比馬克思更進一步並且超越了馬克思傳統經濟學的範疇，布迪厄對資本有其特別的詮釋，他認為：資本是一種具有生產力的資源，其本質是勞動的累積，人們通過占有資本能夠獲得更多的社會資源；布迪厄的資本觀點擴大了資本原本的內涵；進一步來看，布迪厄的「資本」概念隱含了對自己和他人未來的控制能力，因而，他所說的資本實際上是一種權力的表現形式，布迪厄試圖以此新形態的資本理論致力於調和個人與社會的張力；布迪厄認為，一方面，資本的不同分配構成了社會，另一方面，個人又竭盡全力地擴張其資本；個人一生所積累的資本，界定了其的社會發展，也就是說，資本不但給予他們在社會生活中的可能性或機遇，除此之外，資本更被用來再產生階級區分。布迪厄把資本再細分為幾種類型：經濟資本（le capital economique）、文化資本（le capital culturel）、社會資本（le capital social）和象徵資本（le capital symbolique）。經濟資本，指可以直接兌換成貨幣的資本形式或制度化為產權的形式；文化資本，指借助於不同的管道傳遞的人類知識、文化物品或通過教育證書形式化了的具有生成性的資本；社會資本，指人的社會交往關係網絡所構成的實存或潛隱的資源，如血緣關係、地緣關係及同學關係等，而象徵資本則是指對前三種資本的合法化認同（Bourdieu, 1986: 286）。

在布迪厄而言，這幾種資本都有相應的功能，彼此聯繫而且能相互轉換，如社會資本、文化資本可通過轉換成經濟資本來獲取經濟上的利益和回報。

上述幾種資本形式事實上環環相扣、相生相息，它們都是社會文化再製不可或缺的環節；底下我們分別加以發揮論述。

三　制度化的產權形式：經濟資本

如前所述，「經濟資本」指的是可以直接兌換成貨幣的資本形式或制度化為產權的形式。

一般而論，社會經濟地位高的家庭也將其擁有社會經濟資本轉換為子女各種機會的優勢，進行不平等的代際傳遞。根據學者的研究表明，家庭社會經濟地位對後代教育獲得起著重要作用，這一點在廣泛的國際比較研究中得到了驗證；家庭社會經濟資源或經濟資本主要指父輩的經濟能力、權力特權和社會網路資源等，與家庭教育背景相比，它們是外在的、易變的，更容易受到社會制度和社會狀況的影響（Donald, & Yip, 1989: 373-394）。

在文化教育上，這種經濟資本的作用最為具體；家庭社會經濟資本的作用機制在於高階層家庭利用占有社會經濟資本的優勢，在升學和擇校的過程中減少競爭程度，將部分競爭者排斥在競賽之外，甚至壟斷教育機會。在《繼承人》一書中，布迪厄有清楚的論述（Bourdieu, & Passeron, 1978）。這種壟斷教育機會具體體現在兩個方面：一種「直接」排斥和另外一種「隱性」排斥。

關於「直接」排斥主要有兩種機制：特權排斥和經濟排斥。特權排斥是指在教育制度設計中特別為某特定階層——通常是權貴階級——預留了位置。這經常發生在相對比較保守封閉的社會中，例如在中國大陸普遍存在著「高校教職工子女可適當降分」的「潛在規則」（葉祝頤，2008），最典型例子就是特納（Ralph Turner）所描述的英國「贊助性流動」（Sponsored Mobility）模式，即上流階級的子弟從小就進入專門的學校，一路保送到頂尖大學，以此確保其子女日後的精英地位（Turner, 1960）。

而經濟排斥則是現代社會最常見排斥的方式，富裕家庭送孩子進入收費高、品質好的私校，或是居住在「高尚」社區的人們享有品質好的學校（Cookson & Persell, 1985: 13-30）。另外，當前升學中普遍存在這樣一種現象：一所學校有高、低兩個錄取線，僅僅通過低錄取線的學生需要以「捐助」或「擇校費」等形式付出一定經濟代價後才會被錄取，這在本質上是

以經濟資本換取教育機會。對於社會下層而言，當接受教育的直接成本已經構成經濟負擔，就會出現「考得取、上不起」的現象，以中國為例，學者估算，中國人均年收入僅8千元（人民幣，下同）上下，且貧富懸殊，社會結構極不合理，城鄉低收入家庭基數巨大，其中尤以人均年收入至今不足3千元的農村為多。按大學學費水平，城鎮居民的平均年收入不夠一個大學生一年最低費用，對農村來說，這最低費用要花去3-4個農民人均年收入的總和，收入遠低於平均數的貧困人口就得更多人不吃不喝才夠一年學習費用。如在中國四川省成都附近一小縣級市—德陽，就有20名收到大學錄取通知書的高考學生因家貧湊不出數千元學費而面臨棄學的痛苦抉擇，更別說農村和邊遠貧困地區了；在中國甚至再三出現無法負擔孩子學費而自殺的父母案例，中國學者大都也承認「上不起學、看不起病、住不起房」，已成為中國最大的公共問題（周慧盈，2006；蕭雪慧，2005；蘇北，2006）。除特權排斥和經濟排斥之外，通過使用社會網絡等其他社會資源也可以實現排斥的目的（姜添輝，1998）。

至於所謂的「隱性」排斥是指在升學決策時，因為低階層對升學風險承擔能力差或對教育預期收益評估低，一些人會過早地退出升學競爭。學者指出，隱性排斥的發生不是因為沒有能力支付教育的直接成本，而是覺得相對的機會成本太大（Breen, & Goldthorpe, 1997: 275-305）。它不像直接排斥那樣赤裸裸地設門檻實現排斥，而是在機會均等的名義下，讓社會弱勢階級家庭基於理性選擇，在自願的表象下隱蔽地實現排斥之目的，故稱之為「隱性」。

不同階級擁有不同量的社會經濟資本。社會經濟資本越多的階級就越有能力轉化成子女教育機會的優勢，從而實現不平等的代際傳遞。在這一模式之下，一個社會的教育不平等水準還將受到社會分化程度的影響。如果階級間資本擁有差異不大，那麼優勢階級所能倚仗用以「排斥」的資本也就相對減少，排斥將難以實現或者收效甚微。相反，當社會分化劇烈，階級間擁有的資本量差異巨大，這時如果又存有一定制度空間使排斥機制能有效運作，那麼資本轉化模式將成為產生教育不平等的主導邏輯（姜添輝，1998）。

在布迪厄，經濟資本是所有資本形式中的最有效的形式，也具體地展現了資本主義的獨特性；這種資本的特質是常見的、匿名的、多變的，它也可轉換成貨幣的形式，並且在代際間傳遞。此外，經濟資本可以更輕易、更有效地被轉換成其他象徵資本，反之則不一定。

 ### 四 資源的集合體：社會資本

其實布迪厄不是第一個提社會資本這個概念的學者，最早使用社會資本概念的是經濟學家羅瑞（Glenn Loury），羅瑞在〈種族收入差異的動力學〉（A Dynamic Theory of Racial Income Differences）中針對新古典經濟學理論的種族間收入不平等研究提出他的觀點，羅瑞以為，新古典經濟學理論的局限在於過度重視人力資本的作用，他從社會結構資源的角度來看，認為我們的社會結構資源時時刻刻都在影響著我們的經濟活動，於此，他首次提出一個嶄新的概念——社會資本；在他看來，社會資本是諸多資源之一，存在於家庭關係與社區的社會組織之中（Loury, 1977）。羅瑞雖然使用了社會資本這一概念，但他並沒有對此進一步研究，因而也沒有引起學界的重視。後來布迪厄才對社會資本進行系統性的考察，布迪厄對「社會資本」最原始的界定是這樣的：

> 實際的或潛在的資源的集合體，那些資源是同對某些持久的網絡的占有密不可分的。這一網絡是大家共同熟悉的，得到公認的，而且是一種體制化的網絡，這一網絡是同某團體的會員制相聯繫的，它從集體性擁有資本的角度為每個會員提供支持，提供為他們贏得聲望的憑證（Bourdieu, 1986: 248）。[1]

1　「社會資本」（social capital）這個概念最先由布迪厄在1980年於《社會科學研究》雜誌上發表了題為〈社會資本隨筆〉的短文法文論文中提出，但直到1985年他用英文寫的一篇論文發表之后，這個概念才引起學術界的廣泛注意。詳見Bourdieu（1986）。

　　在此，社會資本指的是實際或潛在資源的聚合，它包括個人的社會關係網絡、個人與組織的關係，它通常以集體的形式支持成員，易言之，個人的社會關係或網絡關係可以轉換成社會上有價值的資源和機會，例如感情的支持、合法的組織角色、特別的資訊、工作升遷的機會。因此，布迪厄指出，社會資本理論的基本主張就是：人們的關係網絡建構了能解決社會問題的有價值資源，同時也提供集體所有的資本，並因而增進成員間的信賴感（Bourdieu, 1986）。

　　對布迪厄來說，任何一個人在其所處的社會空間中都占有一定的位置，因此所謂的「社會資本」就是個人在一種社會組織結構中，利用自己特殊位置而獲取利益的能力；例如：黑人與白人的區別並不是因為在社會階級中的地位，他們的區別是在於他們在這社會上擁有多少各式各樣的資本，這就是「社會資本」，這些社會資本包括了人與人之間的各種社會網絡，即個人的親戚、朋友、同學、同鄉等關係，一個人能從這些關係中獲取得利益愈高，那麼他的社會資本就愈高；布迪厄試圖努力地證明了這種社會網絡帶來的是不平等的再生產（Bourdieu, 1986）。

　　布迪厄也把社會空間（social space）稱為「場域」（Champs），場域所指涉的範圍非常寬，它可以是具體的、常規的組織，也可以是具某種共同價值信仰的鬆散的社會關係體系。依布迪厄，社會空間或場域就像市場體系一樣，不同的特殊利益或多重的特殊資本在其間進行頻繁而複雜的交換與競爭，就像布迪厄所指出的：

　　　　作為一種場域的一般社會空間，一方面是一種力量的場域，而這些力量是參與到場域中去的行動者所必須具備的；另一方面，它又是一種鬥爭的場域；就是在這種鬥爭場域中，所有的行動者相互遭遇，而且，他們依據在力的場域結構中所占據的不同地位而使用不同的鬥爭手段、並具有不同的鬥爭目的。此與同時，這些行動者也為保持或改造場域的結構而分別貢獻他們的力量（引自高宣揚，2002：231-232）。

　　場域，是在生活中行動者擁有的社會地位、不同形式的資本力量及權力範圍而產生的相互關係網絡。在場域裡頭所進行的各種象徵資本交換，事實是一種現代形態的鬥爭，不同於馬克思主義的階級鬥爭大部分陷於經濟資本的鬥爭，布迪厄所指稱的象徵資本的鬥爭，是一種更細膩的、更深刻的、也是更為全面的鬥爭。

　　依布迪厄，「場域」是由各種社會關係連接起來的、呈現為多樣形式的社會空間或社會領域，因此，「場域」可定義為各種社會位置間存在的客觀關係的網絡或結構。場域由不同的社會要素連接而成，而社會不同要素則通過占有不同「位置」而在場域中存在並發揮其作用。形象地說，場域有如一張社會之網，而位置則是網上的結（node）。社會場域中的「位置」是人們形成社會關係的前提，社會成員和社會團體因占有不同的位置而獲得不同的社會資源和權利。布迪厄認為場域作為各種要素形成的關係網，是個動態變化的過程，而變化的動力則來自社會資本（Bourdieu, 1986: 241-258）。

　　值得留意的是，社會資本的存在必須透過擁有共同的社會規範、互信以及資訊交流方可達到；例如移民外國的臺灣人如果能夠多認識當地值得信任的朋友，那麼他一搬到該地時便能夠較快得悉當地的資訊，順利融入該地的社會體系中，特別是認識的朋友也是來自臺灣的移民的話，由於他們享有共同的社會規範與溝通方式，這最容易交流及得到某種程度的利益。

　　一個行動者所占有的社會資本決定了他在社會空間中所占據的位置，而這一位置又塑造了他的「習性」（habitus，或譯「慣習」）；所謂的習性是就人的社會實踐這個層次來說的，因為不同的社會團體各具有真實或象徵性的資本，並以此採取主動的策略來促進代際之間有形或文化資產的傳遞。為了強調人類實踐與社會實際運作中主客觀因素之間相互滲透之過程，布迪厄採用了「習性」這一概念來指稱這種狀態（Bourdieu, 1990: 14, 83）。

　　布迪厄認為，社會生活應被看作是結構、性情（disposition）和行為一起構成的交互作用歷程，經過交互作用，社會結構和這些結構的具體化的

知識，形成對人們行為具有持久影響的定向性（orientation），這些定向性反過來又構成了社會結構。因此，這些定向性同時既是「建構的結構化」（structuring structure）與「被結構的結構化」（structure structured）；[2]簡言之，它們形成了社會實踐，也被社會實踐所形成。然而，實踐並不是以嚴謹的學術研究的方式從那些定向性中得到的，而是來自於人們即興創作的過程，這一即興創作過程反過來也是由文化上的定向性、個人閱歷和社會互動能力所構成的。這種被構成的、即興創作的能力，就是布迪厄所謂的「習性」。

　　「習性」是布迪厄文化再製理論中的一個重要概念，他認為習性是一套形體化性情的系統（a system of embodied disposition），這套系統遵循著社會世界的結構原則形塑了個人的實踐（Bourdieu, 1984: 170）。布迪厄曾說，他之所以提出「習性」這個概念，乃是要克服主觀主義與客觀主義的對立，更進一步避免實證主義唯物論（positivistic materialism）與唯智主義唯心論（intellectualist idealism）的對立（Bourdieu, & Wacquant, 1992: 120-121）。他透過歷史行動所產生的歷史形式即性情與表現於習性中的歷史這兩者之匯流，來闡發行動與結構的關係。他指出，習性將集體和個體歷史內化和形體化為性情傾向，因此，性情是形體化的歷史，性情是在行動者生存於世的時間流變中逐漸點滴幻化而成；依布迪厄的語言表述，習性「是在事物、機器、建築物、遺跡、書籍、理論、習俗、法律等裡頭的時間流逝過程中積澱的歷史」（Bourdieu, 1981: 305）。在布迪厄，習性

2　所謂的「建構的結構化」與「被結構的結構化」的過程指的是，布迪厄主張同時進行分析客觀結構的分析與個人心智結構生成（the genesis of the mental structure）。他認為，個人心智結構乃是社會結構具體化的產物，因此個人心智結構生成的分析與社會結構本身如何生成的是密不可分的。在此，社會結構指的是社會空間（the social space），以及占有社會空間的人們，它們是歷史鬥爭的產物。行動者（agents）根據他們在社會空間中所占有的位置，以及他們用以理解這個空間的心智結構，參與到整個歷史鬥爭的過程中。由於強調社會結構與心智結構的生成（genesis）的分析，並且特別強調這兩個層次的分析必然是緊密相關，相互生成的，因此布迪厄稱自己的理論為生成結構論（genetic structuralism）。見Bourdieu（1990: 14）。

作為一種性情系統，它兼具穩定性與變動性；從主觀的社會結構這方面來說，它既是外部環境的內化，也是推動個人行動的建構性結構，它往往不知不覺地引導著我們的社會行為（朱國華，2004：34）。也就是說，習性是在生存條件下形成及發展的，一旦形成就會在原時、原地自動外在化，引導人行動的方向，改造人行動的環境、社會環境。

再者，布迪厄指出，習性實質上是一種文化現象，它涉及了人們的居住環境、衣著、行動的禮節、生存方式等等，是「知覺、理解和行動的原形」，是「一組內化的能力與結構性需求，是一種根源於肉體知覺和連接世界的內化形式」（Giroux, 1983a）。

習性作為一種文化現象，它可能形塑自家庭，更可能形塑自社會，因為，就整體而言，家庭從屬於一定社會或一定的社會族群；根據布迪厄的認知，習性更是相同歷史的整合，因此具有相同階級的人有著相同的經驗，他們的社會活動是和諧一致的，因為在社會互動中，人們在社會化過程會調適自己的行為，使之符合階級的要求，因而形成所謂的「階級習性」（classical habitus）（Bourdieu, 1990）。階級習性像社會黏著劑（social glue）一樣讓社會上各個階級牢牢地黏著在他們原有的社會地位和權力上；在此，社會資本從一個社會關係轉化為一種抽象的價值—習性，它是一種因為具相同經驗的人、或具相同歷史的人而產生的社會認同。這種經驗、歷史可能是相同的行業、相同的習俗、相同的畢業學校或者相同的階級。

在這個意義上，習性乃是社會資本的體現。

布迪厄《繼承人》一書中曾談及「認真」和「勤奮」等習性這種無形資本的作用，並認為這些資本可以在很大程度上彌補學生們文化資本的先天不足；他敘述了中產階級子弟的這種習性：「中產階級出身的大學生素來努力學習，並且在工作中發揮他們所處環境推崇的職業美德（如崇拜嚴格而艱難地完成工作）」，中產階級這種「嚴肅態度可以使他們在這一方面（上層階級子弟的優勢）得到補償」（Bourdieu, 1978）。另外一個學者威利斯（Paul Willis）則從勞工階級的角度來看這種文化習性，威利斯在其「抗拒理論」（resistance theory）中探討勞工階級學生抗拒學業導向的中

產階級學校文化研究中也指出，勞動階級的年輕小伙子其實是積極有見識的行動者，他們根據自己的階級期望，拒絕接受學校教育的規範和教條；然而正是經由這種抗拒，他們也不知不覺製造及再製了既有的階級地位（Willis, 1977）。[3]

由此可見，「習性」這種社會資本雖然是無形的、看不到的、甚至是抽象的，但卻在教育與文化傳遞中扮演關鍵性的角色。

一個既形塑結構又反映變化的運動體：文化資本

文化資本是布迪厄各種形式的資本中最為重要的概念，文化作為資本，意味著文化和經濟一樣，都是可計算的、可兌換的、可交易的、可消費的並且可獲利的。布迪厄十分重視文化資本在文化再製中的關鍵作用。

他認為文化資本可以以三種形式存在：1.形體化的形式，亦即心理和軀體被形體化為一種性情（embodied as a disposition of the mind and body），它以精神和身體的長期性情的形式存在，特指個人經後天培養而內化的修養和學識；2.客觀化的形式（objectified form），也就是表現為文化商品（cultural goods）的形式。比如圖書、工具、展示、表演，它以文化商品的形式存在，這些商品是理論留下的痕跡和理論的客觀顯現，特指個人擁有的文化商品和對這些物品解碼的能力；3.體制化的形式（institutionalized form），乃是由合法化的體制所確認的各種教育資格，比如學歷、學校等級、認證，它以一種客觀化的形式存在，這種形式賦予文化資本一種完全是原始性的財產，而文化資本正是受到了這筆財產的庇護，特指個人所獲得的教育文憑和證書（Bourdieu, 1986）。

依學者的解讀，這三種形式分別可稱作文化能力、文化產品和文化制度（羅生全、靳玉樂，2007）。文化能力以內化為前提，是指通過教育，

3　抗拒理論學者觀點各異，如H. Giroux便認為學生並不會如機械般地無意識接受灌輸，教導者也不一定透過教育就可對其進行文化（階級）複製，亦即學生原本就是一個具批判抗拒主動體。詳見Giroux（1983b）。

通過行動者的身體力行與投入學習的程度，內化為精神與身體的一部分，它可能表現為知識、教養、修養、涵養、技藝、興趣及智慧等文化產物。文化產品是文化價值的體現，其價值是由個體根據長期陶冶的文化內涵所賦予的，它通常表現為一種可以傳遞的物質。體制化的文化資本是文化能力經過文化體制的資格授權後的存在形式，教育行政部門通過對文化制度化來干預、控制文化資本，使文化資本成為一種標籤，一定程度的文化資本便有與其相應的資格和證書予以證明，它同時彰顯了占有者的社會地位。然而，透視體制化的背後，其實是一種權力操作，人們可以清楚地看到統治者體制性的權力，看到統治者顯露自身的權力和捍衛其信仰的權力。如果以教育的過程來說，學生努力學習累積自己的專業能力，讓自己具備各種專業技能，這是一種文化能力；而學生所接受的學校安排的課程，課程則是一種文化產品，因此它是個體接受文化產品的過程，但它同時也在另一側面表現了文化制度，因為通過對課程的學習，才能取得畢業資格的認證，這是在文化體制下對權力的合法化接受（羅生全、靳玉樂，2007）。

上述的三種文化資本的形態從表面上來看，似乎大多數是一種已經物化的資本形式，依據學者的解讀，其實在布迪厄的理論體系中，「文化資本不只是一個能把握文化的『被形塑結構作用』的靜態的、具有社會決定論色彩的實體性概念，它同時也是一個能充分理解行動者『形塑結構的作用』、並反映出各種變化的動態的運動體」（朱偉鈺，2006：88）。

再者，文化資本的積累通常是以一種再製（生產）的方式進行的。「文化再製」是一個代際之間文化資本傳遞方式的概念，在布迪厄的象徵資本理論中具有關鍵性的地位，「再製」強調文化資本積累過程中「反覆生產或複製」的特徵。也就是說，文化資本的積累不是一種從無到有的創造性生產，而主要是以代際傳承方式實現的。不過，再製並不是一種單純的複製，它同時也受制於許多外來因素，比如時間、轉換和人的實踐行動。從此一意義上說，文化資本的再製是一種有限自由的重複性生產，而且文化資本的再製最主要的關鍵還是早期家庭教育和學校教育（朱偉鈺，2013）。

　　布迪厄認為，文化資本主要是教育的產物，他特別強調其「教養和品味」的涵義以及家庭背景對這種品味性的文化資本的形成所起的決定作用。布迪厄認為，文化再製就是透過象徵暴力（symbolic violence）來實現的，而學校教育控制著象徵權力，學校傳授的文化就是統治階級的文化或為統治階級認可的文化，它貶低從屬階級的文化，因此，具有不同家庭背景的學生上了不同的學校，其所擁有的文化資本就有了巨大的差異。

　　在此，家庭在布迪厄文化資本理論中是一個相當重要的環節。家庭中最重要的就是子女與父母的關係，在文化再製中，父母對兒女的教育期望與投資為其中最重者。

　　教育期望是指父母教育程度較高的家庭，其更重視教育，對子女有較高的教育期望，也願意為此付出更多的代價。而子女也會潛移默化地接受這一觀念，自我的教育期望和學習熱情也較高。家庭教育背景作用的機制是來自父母和老師的鼓勵、督促和影響。其中，父母的鼓勵是孩子保持學習熱情和取得較好學習表現的根本原因（Sewell, & Hauser, 1993）。

　　在《世界的苦難》（La misere du monde）一書中，布迪厄提到了一類存在於家庭代際繼承關係之中的痛苦。在這部著作中，布迪厄與其他22位合作者，通過許多以訪談形式出現的細緻深入的生活史個案，為讀者展示了當代社會普通人日常生活中的種種痛苦，並透過社會學家的觀察，揭示出痛苦背後深刻的社會和政治根源。布迪厄指出，當代社會，父母都將自己的期望補償性地投射到子女身上，根本不問子女有沒有能力。很多人看了父母的偉大期待，再想想自己能力，對其間的落差深感痛苦。而這種痛苦又和社會流動、教育體制、種族歧視、階級結構和女性地位等等問題相互糾纏，成為當代世界痛苦的一個重要社會來源。比如，對於那些新一代外來移民來說，他們與父母一代產生了顯著的斷裂和衝突。他們的文化觀念和行為方式發生了重大變化，但是他們自身也面臨著嚴重的認同危機。他們與過去、宗教、家族有著某種斷裂；但又無法真正融入主流社會之中，而是遭到更強烈的歧視，這種地位的雙重性造成這一代移民心理上的焦慮和背叛感（華向陽，2005）。

　　進一步來說，布迪厄認為，受教育過程是一個接受和傳承文化資本

的過程，學校本質上是一個承擔著教化和傳遞文化資本職責的社會機構（Bourdieu, 1974）。在這個意義上，較高教育程度家庭後代在獲得教育成功的機會上具有先天優勢。晚近經驗研究更發現，文化資本的作用機制主要在於，家庭教育背景好的子女因受家庭文化氛圍的影響，會更多進行一些有助於學習成績的知識學習（如課外閱讀等），進而提高學習表現（Graaf, Graaf, & Kraaykamp, 2000; Sullivan, 2001）。

因此，從布迪厄的觀點來看，學校教育結合了制度與實踐，它的功能在於以各種象徵與文化的形式複製原有的社會權力關係，也就是說，學校教育目的在維繫與保障一個團體或階級宰制另一個團體或階級的文化、物質。因此，在學校中，社會階級地位較高的學生，會因為他們擁有大量的文化資本，而使得該學生的學業成就高於社會階級較低而擁有少量文化資本的學生。表面上看，學校教育有其機會平等的意識型態與考試唯才的成就標準，它以中立、客觀的面貌出現，將宰制階級的文化資本與社會資本進行合法的輸送，順利鞏固其權力關係。事實就如學者的評論（張旅平譯，2003：229）：

> 透過使各種社會等級體系和對這些等級體系的再生產，顯得建立在由它確定和正式批准的「天賦」、業績或者技能的等級體系基礎之上……教育系統就實現了一種合法化功能……這種合法化功能愈來愈成為人們使「社會秩序」持久存在所不可或缺的因素。

換言之，個人在學校中所形成的關係，表面上是出於「公平」的考試制度所賜，而實際上，透過績效主義的分發，不同社會階級的人落在不同等級的學校或體制中，讓學生浸淫在不同的階級習性中，並得以形塑不同的價值觀和人生態度。

除了上述的各種文化資本形式，在文化再製中，也有學者經常使用「人力資本」的概念來分析社會再製的過程；「人力資本」這個概念事實上與布迪厄的文化資本概念有著千絲萬縷的關係，值得一論。

　　事實上，人力資本起初是一種經濟學的概念，例如1979年諾貝爾獎得主—美國經濟學家希歐多爾・舒茨（Theodore W. Schultz）認為，人力資本是相對於物質資本或非人力資本而言的，指體現於人身上的，並且可以被用來提供未來收入的一種資本，是人類自身在經濟活動中獲得收益並不斷增值的能力，它是一種投資的產物。舒茨為人力資本下了一個定義，他認為人力資本專指個人具備的才幹、知識、技能和資歷，並且指出，人力資本是需要透過投資才能形成的。「人力的取得不是無代價的，它需要消耗稀有資源，即需要消耗資本投資。人力包括人的知識和人的技能的形成是投資的結果，並非一切人力資源都是最重要的資源，只有通過一定方式投資，掌握了知識和技能的人力資源才是一切生產資源中最重要的資源。因此，人力、人的知識和技能，是資本的一種形態。我們稱其為人力資本」（Schultz, 1967）。要言之，「人力資本」是個人所具備的知識、才能、技能和資歷等要素的總和，跟布迪厄所指涉的文化資本一樣，都是一種「非物質資本」。

　　布迪厄也有一些關於人力資本的論述，他強調學校教育對行動者獲取知識和技能的重要性，認為教育投資是基於行動者自由意識與意志的理性行為（朱偉珏，2013；Bourdieu, 1986）；學者認為，教育程度較高的家長有能力對其孩子的學習進行輔導、解決疑問，並改進其學習方法和技巧，這些無疑都有助於子女的學習表現（Coleman, 1988）。由教育所得來的知識、文憑以及有教養的身分象徵就成為了一種非常有價值的一般等價物（關信平譯，1988），這便構成布迪厄所講的「文化資本」或「象徵資本」。這些資本通過種種的社會機制可以轉化為其他資本如經濟資本、政治資本和社會資本等等，正是在這種意義上，教育影響了人的社會地位，從而成為檢視人的社會分層情境的一個座標；人力資本的具體表現為人的知識、技能、資歷、經驗和熟練程度等，一句話，表現為人的素質。

　　從社會學的立場言，實際上文化資本和人力資本存在相似之處，它們是：對人的身體的依附性、文化和人力資本的有限性、不可視性和難以度量性（朱偉珏，2013）。

　　然而，布迪厄的文化資本概念，和人力資本之間仍有重大差別。人力

資本主要包括兩方面的內容：一是指透過投資於教育和各類培訓所獲得的資本，具體包括知識和技能等與文化有關的內容；另一部分指透過醫療和保健等途徑獲得的資本，主要體現為個人的衛生、健康和壽命等方面。而布迪厄作為社會學概念的身體形態文化資本也包括兩方面：一是教養，專指通過早期家庭環境獲得的興趣、品味、道德、性格、氣質和情緒管理能力。二是知識，主要指透過學校教育掌握的知識和技能。可見，人力資本和身體形態的文化資本既有相似之處，即透過學校教育或各類體制化的訓練投資獲得的知識和技能，也有其各自的特性，即透過醫療和保健等途徑獲得的那部分人力資本和文化資本中的教養（Bourdieu, 1986）。

特別值得一提的是，儘管它們有差異和相似部分，但是通常被視為人力資本和文化資本的共通部分則是通過教育投資獲得的資本。

 ## 六 三種資本形式的總合：象徵資本

經濟資本、社會資本、文化資本三種資本形式總合起來就是象徵資本。

對於一些熱愛文學、藝術的人剛接觸布迪厄的理論可能有些不太習慣，因為我們通常會本能地拒絕對於藝術、文化加以經濟學或者社會學的解釋，這是由於人類文學、藝術的崇高和聖潔似乎是證明人類仍然是高等動物的唯一證據，因此對這類把文化「商品化」、「資本化」的傾向總會以一種道德標準來看待它所可能造成的結果。

但是按照布迪厄的理解，從人類社會生活的實踐來說，文化實踐同樣為個人或者群體的利益所驅動，文化的生產、消費、傳播、積累、繼承等諸環節，與其他事物一樣，也可以依照一種實踐的符號經濟學來加以研究。布迪厄並不否認文化產品的獨立價值，但是他堅持，只有把文化置於特定的社會空間特別是文化生產場域中，其獨創性才能得到更為充分的解釋（朱國華，2002）。

在布迪厄的象徵資本理論中，文化再製造成社會權力的再分配，促使社會結構不斷發生變化，他的理論揭示，當代社會已經進入以文化再製

為主軸，不同於以往的社會形態，文化的因素已滲透到各領域，並且隨著教育的普及和科學的擴展，文化再製比經濟再生產複雜得多，在某種意義上，我們甚至可以說，文化因素優位於經濟因素，是當代社會發展的泉源。

最後，值得關注的是，在布迪厄的象徵資本理論中，文化資本的效用有時比經濟資本來得大，因為文化資本有著「隱蔽」（conceal）的功能；即指行動者在進行文化資本的投資、積累和持有過程中表現出來的一種「虛偽的」非功利性（desinteressement）。原來，布迪厄將資本的概念引入文化研究，旨在解構資產階級意識型態的另一個偉大的神話，即文化與利益（interests）的脫節乃至對抗。他認為，傳統上把文化神聖化，認為文化徹底排除利益的干擾和污染，實際上布迪厄認為這是一場資產階級文化學者與經濟學者的共謀。資產階級經濟學者將自己的研究對象與範圍設定在商品生產與交換，將它從社會空間和活動中獨立出來，稱之為經濟（economy）。如此，這就隱晦地將社會空間和生產實踐的其他部分界定為非經濟（noneconomy）（朱偉珏，2007）。事實上，文化資本具有掩蓋其自身可以與經濟資本進行相互轉換的功能。依布迪厄，從物質性的「經濟資本」演化而來並以一種虛假的面目出現的象徵資本（文化資本），憑藉其可以在不同程度上掩蓋自身是一種源自於「物質」形態資本的事實以及此後也能夠繼續掩蓋這一事實的能力，創造出一種經濟資本比不上的效用。

布迪厄的文化再製理論探討統治階級如何微妙地運作「象徵暴力」（symbolic violence）以維持社會階級的區分，傳遞與再製符合統治階級利益的意識型態與物質結構。布迪厄的論點在提醒教育者應該體驗擁有不同習性的學生在文化資本的獲取上，受制於象徵暴力的影響，會由文化再製的現象導致階級的再製。

1970年布迪厄與Jean-Claude Passron合著的《教育、社會和文化中的再製》（*Reproduction in Education, Society, and Culture*）一書，針對文化再製及學校教育促進社會流動的假象進行批判。學校教育系統是將社會階級差異合法化的機器，布迪厄針對這樣的運作機制，對法國的教育系統作比較分

析，「當代法國實行兩大類型的學校教育制度：一、明牌學校教育……；二、普通學校教育系統……」（周新富，2005：122），他認為統治階級和特權階級，透過學校教育系統鞏固成員在明星學校獲得社會權力分配中最理想的地位和職業；以此觀點深入探討勞動階級在學校所接受的不平等地位。

布迪厄與Jean-Claude Passron指出，當權者在隱藏其權力關係時，往往會賦予其社會意義，並通過教育把這些意義合法化。更甚者，當權者還會將其權力轉化成象徵性力量，最後造成每個時代的主流文化總是統治階級的文化，而這種主流的文化則進一步保障其文化再製機制的順利運作，如此循環往復愈發鞏固統治者的地位。這其間，文化再製的關鍵前提就是建構人們的「誤認」（misrecognition），這種誤認順利地將統治者的權力轉化成象徵性力量；而讓人們產生誤認的主要工具就是教育行動（pedagogic action），在他們而言，教育本質上是一個「不可逆轉的過程」（irreversible process），而資產階級的教育行動基本上就是反應統治階級的利益，它會一再灌輸文化資本不均等的分配理念與支配階級的文化，使學生自然接受學校所安排的教育行動，達成文化再製的目的，因此，學校體系的合法化權威乃是社會不平等現象的重要因素，更是社會階級對立的關鍵（Bourdieu, & Passron, 1990: 10, 11, 31, 43-44）。

幾乎在此同時，遠在美國的學者Samuel Bowles也於1971年隔海呼應，發表專文強調學校教育的再製造成了社會不平等，在其「不平等的教育與社會分工的再製」一文中指出，當代西方興起了群眾性教育緣起於：

1. 灌輸政府仁慈形象

人們發現，能夠最好地為工廠勞動作好準備的學校的社會關係：它特別強調紀律、守時、接受家庭以外的權威、以及對自己的工作負責。學校的社會關係與工作場所的社會關係完全相同，這將有助於青年人適應社會的勞動分工。學校將進一步引導年輕人從小就接受國家及其代理人——教師——的權威，其中的一個手段是給青年人的造成這麼一種幻覺，即政府對公民是仁慈的。

2. 營造教育開放的幻覺

此外，由於學校教育表面上是向所有人開放的，所以每個人在社會勞動分工中地位不是以出身，而是以其努力和才幹來確定的。此一目的就透過課程來灌輸資產階級的意識型態。

3. 初等教育具有強制性

十九世紀發生在美國各州的公立初等和中等教育運動中，是控制在發展中的工業資產階級手中的，這一點以馬薩諸塞州最突出。除了南方之外，這一運動在全國各地迅速蔓延。初等教育擴張主要是為了適應工業化以及對外來勞動力進行社會制約的需要，雖然有些勞工運動提出自由教育的要求，但卻不能掩蓋教育擴張的強制性質。

4. 建構教育社會化之虛假需求

經濟發展提出新的社會化需求，雇主要求工人更順從和守時。由於工作的複雜性增加，雇主也開始尋找中階管理人員，許多人便將學校教育看成是提供新社會化需求的途徑。

5. 教育製造階級分化現象

在迅速擴展的教育體制裡，滋長出階級分化的系統。社會菁英的子弟往往送進私立學校。由於工人階級子弟往往很早便離開學校，所以公立中學的班級構成中英才顯然是多於小學了。大學教育對於涉及商界上層具有重要作用，而不再僅僅是訓練教師和教授神學，因此，上層階級家庭便運用他們的金錢和影響，使其子弟得以進入最好的大學。然而，這常要以犧牲其他家庭子弟為代價。學校教育作為確定兒童在階級結構中地位的途徑的重要性逐步提升，並對階級結構的合法化起著主要的作用。

6. 教育分流反應社會階級

因應「進步主義」的觀點，即教育應當適應每個兒童的需要。為了向工人階級家庭的孩子提供適合其將來生活的教育，職業學校和職業教育也發展了。學術性課程則保留給那些將來有機會在大學或白領職業中利用書本知識的學生。這種進步主義教育都反映著一種未言明的假設—階級結構是不可改變的。

7. 教育符應階級關係

由於教育階級分化與勞動力階級分化齊頭並進，個人收入、地位和自主權大多是依其在勞動關係中之階級而決定，而各種職位有與教育文憑有關，正因為教育和技能對社會階級制度作用頗大，因此使得學校在階級結構的再製和合法上扮演著重要的角色（王曉明譯，1992）。

七　結語

有學者認為文化再製理論是一種激進而浪漫的理論，有著過於機械化、決定論的缺點（譚光鼎，1998），也有人認為，文化再製理論忽視行動者並非全然受制於結構，或是忽視歷史層面的分析（蘇峰山，2003）。然而，事實上，在文化再製中，其過程是相當複雜的，社會結構的再製和文化資本的分配是相互影響又相對自主的，因此再製並非是機械式的，或是決定論的，在文化再製的過程中，任何權力的顯現不會僅以權力方式，而是以任何可能的形式出現。

實際上，文化再製與文化傳承只是一線之隔，人類傳統文化需要教育讓它不斷綿延下去以鞏固其文明，可是，相反的，如果從被統治者的角度來看，這種文化傳承卻是他們所不能選擇的，毋寧說，被統治者永遠是被決定的一群。從這個角度來說，文化再製理論充塞著人道情懷，它希望改變昔日教育那種統治與被統治的格局，企圖彌除統治與被統治的界線，這是一種理想的期待。特別是在一個現代化社會中，國家機器掌控了古老社會所沒有的那種資源、設備與組織，她所操縱的龐大、複雜而且功能強大的機器，是遠古人類所無法想像的，當國家掌控了這麼多的資源、這麼強大的力量時，她的能力幾乎是無所不能的，相對的，被統治者在現代國家機器面前更顯得蒼白、無力，他的選擇更是少得可憐。在這個意義上，文化再製理論更別具其時代意義，特別需要教育者深思我們日夜懸念的教育是否是當真能改變人民的愚昧、增長人民的智慧？

然而，針對統治者文化再製的能量，被統治者並非毫無抵抗力可言，在此，本文綜合學者專家以及現場老師們的體察，提出一些反省，讓有志

於教育者或研究者參考，它們是：

1. 學校應承擔社區教育工作，提升家長文化資本

從本文可知，學生的文化資本、社會資本和經濟資本的差異性相當大，這也構成其文化再製的重要因素，其中家庭階級背景是一大關鍵，特別是弱勢階級、偏遠地區以及日益增加的新移民，這些弱勢家庭不僅處於經濟、社會弱勢，有些家長甚至有閱讀的困難，因此，學校應扮演社區文化中心的角色，開放學校的資源，硬體方面如圖書室、電腦教室等，以提供社區及家長學習成長的機會，而學校的師資也可以善加運用，如開辦親子英語共讀、外籍人士認字班等，藉此提升民眾的文化素養，消弭家長在文化資本上的差距。

2. 給予各類學生成功的機會

學校應該以較為多元的角度與多元的評量方式，盡可能給予不同階級出身的學生相同的成功機會。不可否認的，在升學主義高漲的時代中，成績常常是用來評量學生成功或失敗的重要指標。傳統學科常被視為是統治階級的代言人，傳統學科成為統治階級主流文化的傳聲筒，對出身不利的學生來說，傳統學科刻畫出來的「願景」，往往只是一種錯誤的意識，一種不存在的神話。學校一方面更加鞏固了主流社會的既有控制權力，另一方面使無聲的壓迫以一種不斷再生產的霸權形式持續的進行。職是，改善之道在於如何重新檢討學童在學校內的學業成就的標準，比如：對於傳統學科的重抽象、尚紙筆之內容或評量方式應否調整？當前九年一貫教育改革，透過課程統整規劃與多元評量方式的採行，或許有助於使學校提供更多的成功經驗，使學校教育所扮演的「排除」角色降低，讓勞工階級子女也有向上流動的機會。不過，這裡，老師與家長應密切合作，互相提醒，切忌以單向度成就評量學生學習。

3. 針對文化不利學生給予積極性的差別待遇

學校教育為實現教育機會均等，落實社會公平正義，應秉持著「To treat equal equally, to treat unequal unequally」的精神，給予不利文化的學生積極性的差別待遇，國內有些大專院校就努力落實此種社會正義，如靜宜大學師資培育中心師生幾年來都持續進行的史懷哲精神教育服務計畫，為

臺中縣北勢國民小學的單親、低收入、隔代教養、外籍新娘家庭或學習弱勢學童服務，團隊成員表示不但從服務的過程中，累積了教學經驗、理論與實務執行，也瞭解教學行政的運作，而最重要的是發現很多邊緣化的小朋友，身心發展備受壓力，即使如此，孩子本身仍十分願意學習，只是現實狀況深深限制了他們的成長機會或學習狀況，這需要社會大眾一同來關切（中教司新聞稿，2007）。其他如申請教育優先區計畫、攜手計畫等，以實際的行動，幫助相對弱勢的學生。

4. 教育人員應具備反思的能力

長期以來教師做為被政治意識型態操弄的工具，及社會階級再製的「共犯角色」而不自知，服務於主流階層統治者所宣稱的官方知識（official knowledge）之意識型態未加以反思與深思，因而犧牲了弱勢族群的利益。所以，身為教育者不止應扮演一位「傳統知識分子」的角色，即傳道、授業、解惑的師者角色；教育者更應具備反思能力，即培養轉化知識的能力，以抗拒潛藏在政治、經濟、文化、階級、種族、性別之間的霸權主義與不符合公平正義的原則；能堅守自己理想的知識分子，忠貞於自我理想與信念，不畏懼權勢的脅迫，運用反省批判的態度，探索真理，揭發不平等；更要具備課程設計的能力，不能將教育簡化到只是傳遞知識的工作，要深入反省自己工作的道德和政治意義，還需結合學校內外團體的力量，轉化不合理的社會結構，為社會大眾及出身不利兒童傳遞不同的聲音，以緩解勞工家庭兒童再次失速掉落文化再製的漩渦。如此才能落實真正教育改革的理念，達到促進社會公平正義的最終鵠的。

5. 多元文化教育觀點的課程設計

在臺灣教育中，以往學校的課程內容，總是以漢人的文化為設計的出發點，如果教育的內容是以漢人的價值觀為主要依據，那也只是在教導其他族群成為漢人而已。有鑒於此，學校所傳遞的課程內容應該包含多元文化教育的觀點，適當的融入各族群的文化與特色，讓不同族群的學生能夠從課程內容中看見自己族群文化的歷史與特質，也讓主流文化的漢族學生有機會更進一步認識多元文化，使學生能在學習的過程中培養互相尊重、欣賞、接納的多元文化觀（楊茜評，2009）。特別是近一、二十年來，臺

灣的社會外籍配偶急速增加，據教育部統計，新移民子女就讀國中和國小的人數亦快速增加，至2007學年度已達103,600人，到了2008年學年度就讀國中小人數已近13萬人，較前一學年成長25.4%，在2009學年度入學就讀國中小的新移民子女超過15萬人，到了2010學年度，這個數據更來到了17萬人（教育部統計處，2009，2011）。來自世界各國的新移民所生的新臺灣之子，為臺灣教育帶來更迫切的多元文化教育課程的需求。

在本質上，教育本身就賦有某種文化傳承的使命，但是，文化傳承與文化再製是兩回事，文化傳承是文化教育者、甚至是被教育者有意識、反思後的選擇，而文化再製則是結構使然，是人們所不能選擇的。

因此，本文認為，教育需要文化傳承，但不需要文化再製。

參考文獻

一、中文部分

中教司新聞稿（2007）。**教育部視導「95年推動大學師資生實踐史懷哲精神教育服務計畫」，並慰勞靜宜大學師資生及受惠學童**。2007年1月25日，取自http://www.tecr.pu.edu.tw/ad1/super_pages.php?D=ad1。

王曉明（譯）（1992）。Samuel Bowles著。不平等的教育與社會分工的再製。載於厲以賢（主編），**西方教育社會學文選**（頁118-193）。臺北：五南。

朱偉鈺（2006）。超越社會決定論：布迪厄「文化資本」概念再考。**南京社會科學，3**，87-96。

朱偉珏（2007）。資本的一種非經濟學解讀：布迪厄的文化資本概念。**社會科學，3**，117-123。

朱偉鈺（2013）。文化資本與人力資本：布迪厄文化資本理論的經濟學意義。2013年5月15日，取自http://202.202.111.134/jpk/data/xz2/content/zi-yuan/tuozhanyuedu/wenzhang/072.doc。

朱國華（2002）。**布迪厄：一個清醒的文化角鬥士**。2002年3月17日，取自http://intermargins.net/intermargins/TCulturalWorkshop/academia/scholar%20and%20specialist/bourdieu/pb02.htm。

朱國華（2004）。習性與資本:略論布迪厄的主要概念工具（上）。**東南大學學報（哲學社會科學版），6**（1），33-37。

李猛、李康（合譯）（1998）。布迪厄、華康得著。**實踐與反思：反思社會學導引**。北京：中央編譯社。

周新富（2005）。**布爾迪厄論學校教育與文化再製**。臺北：心理。

周慧盈（2006）。夏季裡的冰點、中國貧困學生父母自殺頻繁。2006年7月23日，取自http://www.epochtimes.com/b5/6/7/23/n1396065.htm。

姜添輝（1998）。教育均等問題與社會控制的關聯性。載於中華民國比較教育學會（主編），**社會變遷中的教育機會均等**（頁181-218）。臺北：揚智。

馬克思（1975）。**資本論（第1卷）**。北京：人民出版社。

馬克思、恩格思（1964）。**馬克思恩格斯全集（第16卷）**。北京：人民出版社。

馬克思、恩格斯（1995）。**馬克思恩格斯選集（第2卷）**。北京：人民出版社。

高宣揚（2002）。**布爾迪厄**。臺北市：生智。

張旅平（譯）（2003）。〔美〕傑夫瑞‧C.‧亞歷山大著。**世紀末社會理論**。上海：上海人民出版社。

教育部統計處（2009）。大陸及外籍配偶子女就學人數。2010年2月1日，取自http://www.edu.tw/statistics/content.aspx?site_content_sn=8956。

教育部統計處（2011）。**92-99學年度外籍配偶子女就讀國中小人數統計**。2011年9月25日，取自http://www.edu.tw/files/site_content/b0013/fomas.xls。

華向陽（2005）。轉型時代社會學的責任與使命：布迪厄《世界的苦難》及其啟示〉。**社會，242**，183-194。

楊茜評（2009）。Bourdieu的文化再製意涵與其在學校教育上的啟示。**北縣教育，66**，44-48。

葉祝頤（2008）。**破解高校子弟降分特權當痛下決心**。2008年4月16日，取自http://www.pdsdaily.com.cn/big5/misc/2008-04/16/content_790991.htm。

蕭雪慧（2005）。**教育產業化與貧窮世襲化**。2005年10月9日，取自http://ke-fangkeyuan.blog.hexun.com.tw/1133919_d.html。

羅生全、靳玉樂（2007）。課程作為文化資本的話語構建機制探討。**教育研究與實驗，1**，38-42。

譚光鼎（1998）。社會與文化再製理論之評析。**教育研究集刊，40**，23-50。

關信平（譯）（1988）。格爾哈斯‧倫斯基著。**權力與特權：社會分層的理論**。杭州：浙江人民出版社。

蘇北（2006）。民生的詰問。半月談，**15**。

蘇峰山（2003）。《教育、社會與文化中的再製》導讀。載於，第三屆「意識、權力與教育－**Bourdieu**教育社會學專論」研討會（2003年4月）。嘉義：南華大學。

二、外文部分

Bourdieu, P. (1974). The School as a conservative force : Scholastic and cultural inequalities. In J . Eggleston (ed.), *Contemporary Research in the Sociology of Education* (pp. 32-46). London: Methuen.

Bourdieu, P., & Passeron, J. C. (1978). *The inheritors : French students and their relations to culture*. Chicago: University of Chicago Press.

Bourdieu, P. (1981). Men and machines. in Knorr-Cetina, K. & Cicourel A. V. (eds), *Advances in social theory and methodology: Toward an integration of micro- and macro-sociologies* (pp. 305-15). London and Boston, Routledge & Kegan Pual.

Bourdieu, P. (1984). *Distinction: A social critique of the judgement of taste*. London, Routledge and Kegan Paul.

Bourdieu, P. (1986). The forms of capital. in J. G. Richardson(ed.), *Handbook of theory and research for the sociology of education* (pp. 241-258). New York: Greenwood Press.

Bourdieu, P. (1990). *The logic of practice*. Stanford: Stanford University Press.

Bourdieu, P., & Passron, J. C. (1990). *Reproduction in education, society and culture*. 2nd. Tom Bottomore, trans. London: Sage Publications.

Bourdieu, P., & Wacquant, L. J. D. (1992). *Invitation to reflexive sociology*. Cambridge: Polity Press.

Breen, R., & Goldthorpe, J. H. (1997). Explaining educational differentials: Towards a formal rational action theory. *Rationality and Society, 9*(3), 275-305.

Coleman, J. S. (1988). Social capital in the creation of human capital. *American Journal of Sociology, 9*4, 95-120.

Cookson, P., & Persell, C. (1985). *Preparing for power: America's elite boarding schools*. New York Basic Books.

Donald J . T., & Yip, K. (1989). Educational and Occupational Attainment in 21Countries. In Melvin L. Kohn(ed.), *Cross National Research in Sociology* (pp. 373-394). Beverly Hills, Calif : Sage.

Giroux, H. A. (1983a). Theories of reproduction and resistance in the new sociology of education: A critical analysis. *Harvard Educational Review, 53*(3), 257-293.

Giroux, H. A. (1983b). *Theory & resistance in education: A pedagogy for the opposition*. Massachusette: Bergin & Garvey.

Graaf, N. D. D., Graaf, P. M. D., & Kraaykamp, G. (2000). Parental Cultural Capital and Educational Attainment in the Netherlands. *Sociology of Education, 73*(2), 92-111.

Loury, G. (1977). A Dynamic theory of racial income differences. in Phyllis A. Wallace and Anette M. LaMond eds., *Women, minorities, and employment discrimination* (pp. 153-186). Lexington: Mass: Heath.

Schultz, T. W. (1967). Investment in Human Capital. *The American Economic Review, 51*(1), 1-17.

Sewell, W. H., & Hauser, R. M. (1993). *A review of wisconsin longtudinals study of social and psychological factor in aspirations., and achievement 1963-1993*. Madison: Center for Demography and Ecology, University of Wisconsin.

Sullivan, A. (2001). Cultural capital and educational attainment. *Sociology, 35*(4), 893-912.

Willis, P. (1977). *Learning to labour*. New York: Columbia University Press.

第四章

當教育碰到流行文化：
對文化工業的反省

前言

　　談到流行文化（popular culture），一般對它的印象大都是負面的、不好的、淺陋的，而論及流行文化對教育的影響，也都是可議的、不良的，有學者指出，流行文化對於當代的道德教育已產生負面效應，它們是淡化政治理想和道德觀念、推銷物質至上的消費主義和享樂主義、鼓動非理性主義等（牟德剛，2005）。

　　不過，流行文化對人們具有不同凡響的吸引力卻也是個不爭的事實，更是我們從事教育者無法迴避的議題，如底下這則新聞所陳述的（錢江晚報，2010）：

　　　　1月底，在耶魯大學本科（作者按：指大學部）入學申請的官方網站鏈結中，出現了一段宣傳視頻。出人意料的是，這並不是一段一本正經的、羅列名校種種功名的、傳統老套的影像介紹，而是一段長達近17分鐘，時尚透頂的MTV！……但耶魯的這個MTV，迎合了「Youtube一代」，它更是在向世人展示，這個有著300多年歷史的古老大學，不只會讓人高山仰止。恰恰相反，耶魯是生動有趣的！它正在接受年輕人喜聞樂見的流行文化元素，充分凸顯耶魯人能學能玩的特點！

　　此一新聞顯示，流行文化似乎已是現代生活不可分割的一部分，就連世界知名的一流學府都無法倖免，特別是對年輕一代來說，流行文化具有致命的吸引力。尤其是當代的流行文化透過高科技視覺媒體對人們更具震撼力；因此，不同於前面將流行文化視為洪水猛獸的觀點，有些教育工作者認為有必要擴充傳統之教學方式與內容，甚至應將時下社會上的流行文化應用、轉化為教學內涵的一部分，進而達到豐富當代教育的內涵與目標（廖敦如，2004；Mahiri, 2000; Wilson, 2003）。

　　現在做父母的最大的困擾就是：社會流行什麼，自己的小孩便吵著要；事實上，有時這個好像也不能完全怪孩子，因為傳播媒體的渲染力實

在太大了，甚至許多父母也不自覺地追逐流行；在現代城市生活中，流行時尚更是被形塑成證明自己價值的表徵，名牌服飾像prada、gucci、貴婦包、高級跑車、豪宅等等都是被視為躋身上流社會的必備品。於是現代社會上上下下個個瘋狂地追逐時尚。

　　流行時尚文化作為一種新興文化，以它獨有的形式、鮮豔的外表吸引著廣大青年學子，特別是在當代無所不在的媒體傳播的推波助瀾下，它更讓許多學子沉迷不已。

　　身為教育者面對當代社會的時尚流行文化這種趨勢應該有何態度，這不僅是做一個教育者應該拿捏的生命態度，教育者的言教、身教同時也深刻影響者學生，甚至當教育者推有政策決定能力時，它也關係到整體教育制度與教育品質的良窳。

　　本文不但從文化工業（cultural industry）的角度來詮釋流行文化下的教育這個議題，並且也深切反思文化工業這個命題。

二　文化與商業的結合：文化工業

　　對「當教育碰到流行文化」這樣一個課題，我打算從「文化工業」的角度來切入。

　　「文化工業」這個概念是由法蘭克福學派（The Frankfurt School）的霍克海默（Max Horkheimer）和阿多諾（H. Adorno）在《啟蒙的辯證》（*Dialectic of Enlightenment*）一書中所提出的，指其為文化與商業的緊密結合，認為文化工業是資本主義制度的維護者，包括機械化的理性生產過程、大量複製標準化的商品、塑造文化認同的行銷包裝手段，創造人們的購買慾望（方永泉，2000；單世聯譯，1996）。「文化工業」有時也被稱為「文化產業」，根據聯合國教科文組織對文化產業的定義是這樣的：「結合創作、生產與商業的內容，同時這些內容在本質上具有無形資產與文化概念的特性，並獲得智慧財產權的保護，其形式可以是貨品或是服務。從內容來看，文化產業也可以視為創意產業；或在經濟領域中，稱之為未來性產業（future oriented industries）；或在科技領域中，稱之為內容產業（content industries）」（文化產業，2013）。

　　從理論淵源來說，「文化工業」這一理論的提出既受到葛蘭西（Antonio Gramsci）「文化霸權」（cultural Hegemony）理論的影響，也更具有批判性。

　　根據葛蘭西的觀點，葛蘭西認為在西方資本主義社會，資產階級進行的是包括政治、經濟、文化在內的總體統治，當代政治上的統治者不是單靠武力（force）維持其權力，他們必須要使人民對既有權力結構產生同意（consent），自願接受統治。統治者為了達到這個目的，他們必須考慮被統治者的利益，關注他們的文化、價值觀，對人民作出讓步（concession）；統治者的讓步是多方面的，但是最重要的是文化上的讓步；具體的做法是要將被統治者的文化吸納（culture incorporate）並加以重組，使之成為對統治者有利的道德觀及世界觀。葛蘭西稱之為道德及知性的領導（moral and intellectual leadership）或文化霸權。因此，無產階級如果要從事革命就不能只是側重推翻資階級統治的政治革命（衣俊卿，2001）。

　　這觀點極其重要，因為它指出了統治者必須吸納改造被統治者的文化；對下階層人民的文化排斥打壓只會帶來更大的反抗，危害統治權力的正當性；正是在這樣的理論脈絡下，如何讓社會大眾擺脫統治者文化霸權獲得自主性是革命是否成功的關鍵，於是，在這樣的文化霸權理論中，葛蘭西異常強調市民社會（civil society）的重要性，因為所謂的市民社會是相對地獨立於國家機器之外以及在經濟上擁有一定自主性的民間組織。葛蘭西著重從文化和意識層面揭示了市民社會中隱性存在的資產階級文化、意識的內蘊，闡明了發生在市民社會中的諸多變化，從而以其對社會生活的獨特的領悟力確立了其頗具特色的「市民社會」（civil society）理論（田心喻譯，1991：43）。

　　易言之，依葛蘭西，在當代政治統治者除了要掌握國家機器外，還需要贏得市民社會，換言之，就是要得到民間組織的支持，反過來說，要反抗資本家及國家霸權，工人階級也必須在市民社會下功夫，致力爭取民間組織支持，傳播有利工人階級的文化（Gramsci, 1971; Hall, 1986: 83-85）。

　　在一般的市民社會理論中，市民社會通常被定位為私人自治領域，它

是與政治社會相對置的概念。傳統的市民社會是指個人的日常經濟活動，政治社會是指人們的政治、文化和意識活動。但葛蘭西的獨到之處在於：他敏銳地觀察到了滲透於私人生活領域並且轉化為私人生活重要組成部分的文化和意識，市民社會不僅僅是人們的經濟關係而已；亦即葛蘭西擴大了市民社會的範圍與意義，包括教育、教會、工會、傳播媒體等各種民間團體，它們都在配合統治者進行對於大眾的潛移默化（Gramsci, 1999）。其中特別是普及化的教育與傳播媒體影響力最為深遠。

受到葛蘭西文化霸權的啟迪，霍克海默和阿多諾特別關注社會大眾文化如何形成這個議題，從批判資本主義意識型態的角度提出「文化工業」這個理論；不過，根據阿多諾後來所說，他們原本使用「大眾文化」一詞（mass culture），不過，由於「大眾文化的宣導者認為，它是這樣一種文化，仿佛同時從大眾本身產生出來似的，是流行藝術的當代形式。我們為了從一開始就避免與此一致的解釋，就採用『文化工業』代替了它」（Adorno, 1991）。

不過，就霍克海默和阿多諾而言，在當代市民社會中，他們特重大眾傳播媒體，因為他們認為：「在民主的國家，最終的決定不再取決於受過教育的人，而取決於消遣工業」（霍克海默，1989：247-275），文化工業的載體主要是傳播媒體，媒體工業的大眾傳播特性使它具有強大的影響力，社會資訊經過揀擇與詮釋使得媒體擁有形塑人民意識型態、左右社會輿論、甚至主導政治局勢的力量。不過，這並不是說媒體創造了文化工業，也不是說媒體如此就掌握了政治、社會的權力了；關於它們之間的關係，阿多諾（高丙中譯，2013；Adorno, 1991）說得很清楚，他說：

　　大眾媒介是特別為文化工業打磨出來的，它已經把著重點轉到了無害的領域。它既不存在首先關心大眾的問題，也不是一個傳播技術的問題，而是使大眾自我膨脹的精神的問題，是他們的主人的聲音的問題。文化工業錯誤地把它對大眾的關心用於複製、強化他們的精神，它假設這種精神是被給予的、不可改變的。這種精神如何被改變的問題完全被置之不理。大眾

不是文化工業的衡量尺度，而是文化工業的意識型態，儘管文化工業本身如果不適應大眾就基本上不可能存在。

　　在這一長串論述中，阿多諾特別強調在背後支配著媒體、文化工業的潛藏力量，就是控制傳播媒體或各種文化工業產品「它們的主人的聲音」，事實上就是這個社會的統治階層，這仍是依循著馬克思主義對資產階級意識型態批判老路，只不過將「資產階級意識型態」、「上層建築」置換成新的語言——「文化工業」。

　　其次，它的重點在於「複製」某種不可改變的、被給予的精神或意識型態；「文化工業」原來指涉的是社會的大眾文化與流行文化，霍克海默和阿多諾之所以會將屬於大眾的文化稱為一種工業，那是他們認為所謂大眾文化並不全然是真正來自於大眾或隸屬於大眾文化，而是統治階級由上到下強加給大眾的，其目的在於要複製、控制、僵化群眾的心理，以方便對大眾進行控制（Storey, 2001: 101-103）。在這裡，霍克海默和阿多諾吸收了葛蘭西文化霸權理論，強調統治者為了馴服被統治者，所以吸納了被統治的文化，也就是大眾文化，然而，這種吸納絕不是按照大眾的生活方式原封不動的吸納，而是經過統治者有計畫化的研究、有意識的改造、系統性的教育、俊男美女精緻的時尚帶領、舖天蓋地的宣傳、無所不在的行銷管道，所以它被視為是一種「工業」，而所有的這一切作為都讓它看起來「彷彿」是大眾本身所產生的文化，所以它更能取得大眾的認同與瘋狂追逐。

　　再其次，在這個脈絡底下，這裡所提的「文化工業」這種現象已經不僅僅涉及文化，而且是旁及經濟、政治，最重要的，它更涉及到人在當代社會中的存在方式和存在狀態。霍克海默和阿多諾在文化上的基本立場是維護文化、藝術的自主性，強調文化藝術對人存在的意義；他們也進一步批判文化的市場化、商品化，反對文化與政治統治掛鉤，否定並批判文化工業所造成的人的異化狀態。

三 文化的市場化與商品化

透過對文化工業現象的反省，霍克海默和阿多諾聚焦在兩個面向上，即文化的市場化和商品化以及文化工業作為一種意識型態。

首先，就文化的市場化與商品化問題來說。

文化工業作為一種特殊形態的「工業」，它除具備一般意義上的大眾文化內涵外，它還具具備了「工業」的要素，它們是：1.文化的產生愈來愈類似於現代大工業的生產過程；2.文化的產生與現代科學技術的結合愈來愈緊密；3.文化的主體愈來愈不是作為文化消費者的廣大人民群眾（陳學明，1996：19-21）。

文化工業隨著市場化與商品化所帶來的文化的「標準化」和「偽個性化」；霍克海默和阿多諾對商品性、市場化的文化工業的批判，源自他們對文化尤其是藝術的本質的獨特理解（Horkheimer, 1991: 58-59）；他們繼承了康德的美學理念，堅持美的非功利性特徵，認為美在某種意義上是一種超越功利需要、沒有利害關係的存在，它是人的自由自覺的物件化本質的實現和確證：無論是藝術品的創作還是欣賞，都展示了人所特有的本質規定性，即自由。在霍克海默看來，藝術是表徵主體性的領域，是人的個性的自主的創造和獨立判斷。藝術的自由超越性，還意味著對現實存在和給定之物的否定和批判。真正的藝術既是一種自由的創造，也是一種變革現存的力量。對此，霍克海默指出，「反抗的要素內在地存在於最超然的藝術中」，「藝術作品曾經一度就是要努力說明世界是怎樣的，並進行最終的判斷」（Horkheimer, 1991: 58）。阿多諾由其對「文化工業」的批判，更提出對於藝術的看法：

- 美具有「非同一性」（non-identity）。
- 藝術是社會的社會性對立（art is the social antithesis of society）。
- 藝術是對於現實世界的否定。
- 藝術有其自主性，為了維護其自主性，它必須拒絕迎合大眾的口味
- 藝術具啟蒙與救贖的作用。

以此而論，霍克海默和阿多諾認為，藝術這種文化產物是人的自由創

造精神的真實體現，表現了人的自由自覺的創造性本質，同時藝術也是促進人的自身完善、推動人類社會進步的重要的驅動力。最理想的情境當然就是達到英國社會學家費德斯通（Mike Featherstone）所說的「日常生活審美化」（the aestheticization of everyday life）的境界，也就是直接將「審美的態度」引進現實生活，大眾的日常生活被愈來愈多的「藝術的品質」所充滿，當審美消費可以實現在任何時空中，任何東西都可能成為審美消費物的時候，就是日常生活審美化的極端狀態（Featherstone, 1991: 65-72）。

　　然而，藝術這種人的自由自覺的創造物，在當代工業社會中，卻由於工業化、市場化經濟力量的擴張和科技理性的不斷浸淫，已經淪落為一種商品、消費品，成為人們閒暇時娛樂、消遣的對象；霍克海默說：「作品被物化了，被弄成博物館中的展覽品。上演作品變成了一種業餘活動，變成了一個事件，一個與明星聚會的好機會，或者變成了一個社交聚會，一個要使自己屬於某個團體而必須參加的聚會」（Horkheimer, 1991: 58-59）。音樂作品與美好的精神生活無關，與任何的精神的享受和體驗無關。在這裡，人們不需要聆聽，不需要理解，不需要把握真理。霍克海默說：「這種物化是理性的主觀化和形式化的典型。它把藝術作品變成文化商品，對它的消費變成了一系列偶然的感覺，一種與我們的真實願望和努力分裂開來的感覺。藝術與政治和宗教一樣，與真理割裂了開來」（Horkheimer, 1991: 59）。

　　總之，藝術作為工業社會中的文化現象，已經不再是一種自主性、自律性的東西，它原本自由超越的本質已然喪失，藝術可悲地淪為玩物。

　　由於資本主義對文化藝術的商品化和市場化的需要，也由於受到了現代生產技術特別是大眾傳媒技術的支援，藝術品和文化用品的批量生產和大規模複製不僅具有了必要性，而且具有了可能性。所以，藝術品也就具有了標準化、批量化、同質性和齊一性的非個性的存在形式。文化工業的標準化和齊一性的直接後果就是真正的藝術品所應蘊含的自由創造本質消失了，藝術品成為無個性的模仿和標準化的批量複製。文化的創造變成了文化的生產。在文化批判理論者看來，在文化工業中，無論是在文化藝術的創作中，還是在文化藝術的欣賞中，普遍存在著虛假的個性，真正的創

造性的自由個性不復存在了。他們指出，在「文化工業中，個性之所以成為虛幻的，不僅是由於文化工業生產方式的標準化，個人只有當自己與普遍的社會完全一致時，他才能容忍個性處於虛幻的這種處境」（洪佩郁，藺月峰譯，1988：145）。

資本主義的發展雖然使個人得到了發展，但是，技術的發展和統治又使個人的每一種進步都以犧牲自身的個性為代價。而對文化工業持樂觀態度的班傑明也曾指出，由於藝術品自身的不斷被複製和標準化，很輕易地走近大眾，導致藝術品本身失去了過去所具有的獨一無二的存在形式，藝術品獨有的「神韻」消失了文化的本質發生了改變：其核心價值由崇拜變成了展示價值（Benjamin, 1963, 1977: 34-35）。[1]

 ## 四 文化工業作為一種意識型態

其次是對文化工業作為一種意識型態的批判。

霍克海默和阿多諾之所以對文化工業進行如此深度的批判，它的目的並不僅僅是在捍衛文化藝術的自主性，而是從更深層的文化層面去揭示、反思文化工業的意識型態屬性及其政治意義。

文化工業的基本預設便是透過一種虛假民主的形式，讓人們自願地接受它的價值觀，從而削弱人們的批判性思維；在大多數社會批判理論者看來，文化工業與科技理性一樣已經成為統治者新的意識型態模式。

首先，我們先來看看它的民主假象：文化工業的商品化和齊一性不僅消解了藝術的自由創造本質和個性化特徵，而且通過迎合市場消費的需要、迎合在機械勞動中疲憊的人們的需求，通過提供愈來愈多的承諾和愈來愈好的無限的娛樂消遣，消解了人們內在的超越維度和反抗維度，使人們失去思想和深度，在淺碟式的文化模式中逃避現實，沉溺於不用大腦的享樂，與平庸的、痛苦的現實相認同，從而維護資本主義的統治。比如現代社會各色各樣的消遣性節目或電影無不極盡腥、膻、色之能事，這種手

1　關於班傑的理論，本書底下將進一步討論。

法與商品本身的「可觀性」共謀，引誘消費者形成「自由選購」的民主假象，文化工業的傳播也經由此一技術將每個人編織進其特有的意識型態重重羅網之中，透過節目本身的刺激去虛構幸福真實的想像，藉以並延續自身的商業性命（郭宏昇，2006）。

這裡值得留意的是，阿多諾講文化工業透過傳播科技將每個人編織到意識型態的網羅之中，這個觀點強調了文化工業的技術；在阿多諾看來，現代傳播科技的高度發達無疑是文化工業肆無忌憚橫行的最大幫兇，當代的各種傳播媒體緊密地與文化工業的方方面面纏繞在一起。也就是說，只有通過大眾傳播媒體，文化工業自上而下的整合才算真正落實，作為一種舖天蓋地的意識型態羅網才算真正形成（楊凡，2013）。

這便是文化工業所具有的內在欺騙性。文化工業通過這種欺騙性，操縱與控制著大眾、對被統治階級施以迷惑，從這個意義上，文化工業發揮著意識型態的政治統治功能。

阿多諾就批判這種意識型態：

> 利潤追求已然在文化工業的意識型態裡物化，甚至不須做任何推銷，大家都得要接受。文化工業搖身變成公關擁護者，製造所謂「社會公益」，而不用顧慮是否為某個公司或某些產品推銷。要大家接受的是四處流通、不加深究的共識，是為整個世界裁製的廣告，因此文化工業的每樣產品都成為它本身的廣告（Adorno, 1997: 320）。

其次，文化工業作為一種意識型態，從它的娛樂消遣功能陶育了人們的逃避思想、遁世態度可見端倪。

表面上，文化工業好像真的為社會大眾提供愈來愈多的文娛消費作品，從而給人們帶來享樂和滿足。實際上，享樂是一種逃避，即逃避對現實的惡劣思想進行反抗。例如：電影就有著這種欺騙功能，在現代社會中，整個世界經過了文化工業這個篩選程式的過濾，結果是人們通常在對電影的欣賞中失去了獨立的判斷，往往認為電影就是外面大街上發生的情

況的再現，或者外面的世界是人們在電影中所看到的事情的演繹；電影模糊了真實與虛構之間的區別，抑制了閱聽人的判斷能力，從而在這同時也消解了人們對現實的不滿。不僅如此，阿多諾還發現了晚期資本主義社會密集地運用發達的視覺產品替代了紙質文化，從而使文學的生存受到威脅。他從佛洛依德的心理分析的角度分析了視覺文化進一步消除了大眾追求心靈沉思的現代美感的可能性，用視覺替代了聽覺，完成了徹底的對大眾的施虐（楊凡，2013；Horkheimer and Adorno, 1969: 120-167）。

我們再從廣告藝術的現實功能來看，在文化工業體系中，廣告支撐著文化用品的不斷生產，維護著文化資本的利益和壟斷的權力。文化資本借助於廣播、電視等現代媒體進行廣告宣傳，使文化工業產品不斷地保持著它的市場。廣告和文化工業無論在技術上還是經濟上都融為一體了。法國社會哲學家列菲伏爾（Henri Lefebvre）將現代資本主義社會稱之為「控制消費的官僚社會」（仰海峰譯，2006），這是由於物質生活水準的提高，消費的發展，使社會變成控制消費的官僚社會，個人生活完全被社會所控制，這個社會不斷地生產和創造新的商品，並通過新奇的廣告宣傳不斷地刺激人們的消費欲望：「宣傳不僅僅提供了一種消費的意識型態，而且更主要地是創造著『我』這樣才是自我實現的消費者形象，在這樣的行為中消費者認識到自己並與他自己的理想相一致」（仰海峰譯，2006）。[2]事實上，「自我實現的消費者」的認知只不過是文化工業的意識型態設計，在文化工業裡頭，消費者不是主體，只是在市場裡被計算的客體、推測漲跌買賣的對象，只是市場調查報表裡依屬性分類而以各種顏色標示的區域，只是產業機制的一部分。

資本主義社會的消費控制和文化工業導致了日常生活的支離破碎，也

2　事實上，1968年的「五月風暴」就是在這些危機的交織中爆發的。由青年學生發起、後由工人回應，在一個只擁有五千萬人口的國度中大約有一千萬人上街遊行示威，甚至修築街壘和政府軍警搏鬥，這種全國性的風潮使法國一度陷入癱瘓，並對整個西方社會產生了強烈的震撼。這場聲勢浩大的政治運動就是要反對工業化社會所產生的社會異化現象，以及不正常的生活方式和社會結構，重新呼喚人的自由和解放。

形成了這樣一種自相矛盾的異化：生活比以往任何時候都舒服、自在，但同時也比過去任何時候都更糟糕、更令人苦惱。日常生活的異化產生了一種歷史性的後果，這就是掩蓋了資本主義的剝削和壓迫，削弱了人們的主體性和革命性，因而維護了資本主義的現狀（王曉東，2013）。

再從文化工業操控的意識型態來看，文化工業通過娛樂消費品的源源不斷的生產以及廣告的不斷許諾，操控、支配和欺騙著作為消費者的大眾。統治體系通過文化工業產品為自己建造了堅固的防護工事，借此鞏固消費者與經濟壟斷集團之間的聯繫。文化工業使消費者相信它的欺騙就是對消費者需求的滿足，並且使消費者無論如何都安於這種滿足（Adorno, 1984）。[3]對文化娛樂產品的享受強化了遠離塵囂紛擾的態度，並且形塑了聽天由命的思想，就此而言，文化工業，只是讓人們在忍受殘酷生活煎熬下獲得短暫的舒緩。由此，文化工業在此充當了一種含糊的意識型態，在這種意識型態下，人們被訓練得逆來順受，從而透過教育體系以及消費文化，統治者有計畫地複製了現存的社會秩序。當然，文化工業偶爾也會透過電影、小說、藝術對現存制度發洩一下憤怒和不滿，但這種憤怒的發洩被嚴格控制在一定的範圍內，所以文化工業中所謂的反抗意識不但不能從根本上構成對資本主義制度的威脅，反而通過這種排氣閥的作用，延續了統治秩序。這就是工業化文化的秘密。文化工業通過文化、藝術、教育等形式實施的實為權力意志對人的控制，在此文化工業成為撐起統治階級國家機器的主要結構，從這一認識出發，霍克海默、阿多諾把文化工業視為統治階級鞏固現行秩序的「社會水泥」（social cement）（洪佩郁，藺月峰譯，1988：78；Adorno, 1984）。

由此看來，文化工業的欺騙性、操控性、意識型態性對於維護現存的經濟、政治和社會秩序起著關鍵性的作用，它造成了現代人即使面對不合

3　這種社會水泥「它一方面具有現代文化虛假解放的特性和反民主的性質，與獨裁主義潛在地聯繫在一起，是滋生它的溫床；另一方面構成個人的欺騙與對快樂的否定。這種操縱意識取代了馬克思主義所注重的政治經濟形勢而成為當代資本主義的統治形式。」

理、不平等、不公不義的社會卻又無力反抗的歷史局面。文化工業顯示了人們對商品的屈從、對經濟利益的服從、對人的感官願望的依從、對現存政治統治的順從，異常鮮明地揭露了現代資本主義發達社會中文化本身所出現的嚴重異化。

從霍克海默和阿多諾的角度來說，當代文化工業的興盛，意味著文化藝術的自由創造本質的喪失，標誌著人的主體性、反抗性的喪失，也標誌著資本主義社會的否定性的反抗力量的羸弱不振，致使資本主義社會處於一種不合理的、單向度的極權狀態，人處於一種不自由的客體性的異化狀態，也就是馬庫色所說的「單向度的人」（Marcuse, 1964）。霍克海默和阿多諾將這一社會現實歸因於文化，試圖從文化工業的發展中尋找某種答案，這也正是霍克海默和阿多諾的主題定位於文化層面的根本原因之所在。

不過，霍克海默和阿多諾側重於大眾傳播媒體所形塑的文化工業，並不是說教育在文化工業中的是沒有功能的，事實上，阿多諾在多年後對文化工業作為一種意識型態又提出另一個補充看法即「半教育理論」（Theorie der Halbbildung）（Adorno, 1993），[4]他所說的半教育不是教育的一半，而是教育的否定，即以固定模式認識世界的教育，這個理論進一步顯示了文化工業產品被社會上那些有教養的階級（相對於無教養的芸芸眾生）以一種預先做好的固定理解框架去接受，在此，文化品味成了一種固定的消費模式；而阿多諾所說「半教育」，正是用來諷刺那些號稱有教養的、多數是大學以上教育、有相當的知識水準的中產階級，他們附庸風雅、裝模作樣，卻又不懂文化，他們對世界的理解及對知識的運用都習慣於用社會性的固定思考模式。這當然是由於統治者掌握了教育及教育資源，特別是當代急速膨脹的高等教育與無所不在的大眾傳播媒體越發讓知識傳遞的速度與幅度大躍進，這同時也讓統治者更加方便、有效地掌控教育從而助長了半教育現象。就阿多諾來說，這種以固定模式認識世界的最

---

[4] 英譯者將Theorie der Halbbildung標題改為Theory of Pseudo-culture，見 Adorno（1993）。

典型例子就是新聞與大眾傳播媒體。在新聞領域，由於要求時效與精確，所以整個社會現象都以固定的分類模式加以分類、理解，這是一種最典型的半教育運作，這是文化工業的生產；而在文化工業的行銷上，當前的統治者也透過功能強大的大眾傳播機器，將這種一知半解的半教育慣習加速地擴大與再生產。職是之故，這種半教育現象不只發生在美學、新聞傳播領域中，而是普遍習性，它存在所有教育、文化行政裡頭；就阿多諾言，資本主義的教育行政，就是一種半教育，它忽略受教者本身獨特的經驗，而以既成的社會知識系統、集體抽象思維強加在受教者身上，學習因而成了一種負擔、痛苦；在這種半教育的行動習性下，學校教育都成了半教育的儀式（黃聖哲，2003：2-15），這樣的半教育習性自然讓教育成了一種規訓，教育變成了一種異化。

五　文化工業的積極價值

不過，值得注意的是，當代社會中文化工業是不是就如同霍克海默和阿多諾所說的那樣一無是處、全是統治者的騙局呢？

事實恐怕是不全然如此。

法蘭克福學派另一位學者班傑明（Walter Benjamin）則另一個角度來觀看當代的文化工業，他從文化─藝術和生產力─技術手段的關係切入，確立「機械複製」（Mechanical Reproduction）概念，並用全面的機械複製作為現代資主義社會文化、藝術的時代特徵，他用「機械複製」文化來稱文化工業（陳學明，1996：44-48）；班傑明以浪漫主義的精神來看待資本主義的文化工業，認為在當代藝術中已然喪失了傳統的「神韻」（Aura），人無法與作品產生深切的互動，由此他表達了深刻的流失神韻的感傷與思慕之情，[5]從這裡，人們依稀看到了班傑明對資本主義的微

5　Aura也有人翻譯成「靈韻」或「光暈」，在《機械複製時代的藝術作品》中，班傑明表達了他對「神韻」的觀點，他說，神韻這種神秘感可以借用人與自然之物的關係來加以說明，他提出：「我們把前者定義為一定距離外的獨一無二的顯現——無

詞；在他看來，當代資本主義文化工業的機械複製破壞了傳統藝術作品中特有的「神韻」，特別是當代的科技可以使複製品和原作毫無差異，這種過程被稱為「擬像」（Simulacra），擬像是以沒有源頭或現實的真實為模型而產生的，也就是超真實（hyper real）。[6]在此文化工業中，「真實」與想像不斷地崩解於彼此之中，結果，真實與擬像的經歷並無差別；尤其是擬像的經歷常比真實的經歷還要真實，甚至比真實更棒。他指出，一旦機械複製使真品與仿品的區分不出來，從也不再適用本真性的判別標準。藝術的全部功能便顛倒過來，它不再建立在禮儀的基礎上，而開始建立在另一種實踐—政治的基礎上（陳學明，1996：52-57）。也就是說，這樣的實踐讓人們從繁文縟節的儀式中解放出來，藝術變成社會大眾日常生活中觸目可及、隨手可得、真正普遍而平等的公眾實踐。

　　正是在這裡，班傑明展現了他對當代藝術的不同理解，班傑明認為傳統藝術側重藝術品的膜拜價值，當代藝術作為機械複製時代的產物則側重在展示價值。在班傑明看來，在機械複製時代，藝術由於與大眾的貼近，不再具有歷史感、距離感，不再賦予專注式的沉思，藝術作品原有的神祕性和崇拜價值不復存在。藝術走向大眾，變成一種娛樂和追求趣味的東西，也塑造了一種普受歡迎的速食型的文化消費（李偉、郭東譯，2006）。

論它有多近。夏日午後，悠閒地觀察地平線上的山巒起伏或一根灑下綠蔭的樹枝——這便是呼吸這些山和這一樹枝的氛圍即本文所指的『神韻』」。從這段描述性的文字中，我們可以看到神韻具有獨一無二性的特徵，並且要求觀賞者採取一種悠閒的態度，一種專注的神情。也就是說，神韻可以使作品和主體產生互動。詳見Benjamin（1963, 1977: S. 440）；李偉、郭東譯（2006：2-6）。

6　布希亞（Jean Baudrillard）在其「再現理論」（representation）針對符號與其指涉物（真實）之間的關係，布希亞以四個階段說明：(1)它是基本真實的投影。(2)它遮蓋並異質化基本真實。(3)它藉由遮蓋使基本真實化為烏有。(4)它和任何的真實都沒有關係，它是自身最純粹的擬仿物。其中的第四次再現即擬象指出：「擬像」（Simulacra）不是對一指涉性存有（referential being）或實體之模擬：而是以模型產生出真實，一種超真實（hyper real），比真實還真。他的觀點是與班傑明一致的。詳見Baudrillard（1996: 170）。

　　從這裡，我們看到班傑明並不完全否定文化工業，而是相對地，在某種意義上，承認甚至主張文化工業有其積極價值和歷史意義。

　　在班傑明看來，一切藝術作品原則上都是可以複製的，藝術作品的機械複製在歷史發展上具有必然性，藝術形式必然要隨著技術的發展而不斷發生變化。平民化的文化工業（如電影藝術、照相）的產生正是技術高度發展的文化結果。他認為電影比起傳統的藝術表現形式——繪畫和戲劇，有著更為精確陳述與分析人們自我生存環境的革命性特質，它深化了舊藝術經驗所欲傳達的感官訊息，亦即「統覺」（die Apperzeption），而其重要性即來自於藝術與科學相互滲透的趨勢或傾向（Benjamin, 1963, 1977, S.34-3）。這是因為透過科技的幫助，當代的電影無限地展延、開拓、豐富、深化、聚焦人類的經驗，這也是任何其他藝術形式都作不到的。進一步言，電影所拓展出來的雖是人們的經驗但卻又超出人們經驗，人們的經驗在此被理解、延展、詮釋，然後每個觀者又再去理解它、延展它、詮釋它，這種情形正如俄國電影導演安德烈・塔可夫斯基（Andrey Tarkovsky）所說的，電影不只是一種對生命、時光的忠實「記錄」，還應該對它進行「鑴刻」，藉以潤飾、雕刻、形塑、再現從生命中流淌出來的意義痕跡，然後在影像中探索或解放人的時代性與社會性，探討那些攸關生命本身內在的信仰、道德、瞋恨、渴望、救贖、懊悔、犧牲、愛慾等等一系列的「人性範疇」（宋國誠，2008）。特別是在人類感知逐漸麻痺、困頓的當代，這樣的電影藝術正足以刺激、從而喚醒人類的主體性。

　　據此，班傑明不認為文化工業只有某些人所看到的負面作用，它讓藝術產生了完全的轉向，這種轉向是由個人走向集體、由消極走向積極。以往的藝術作品，特別是珍稀的原作，只能典藏在博物館、美術館裡，作品難得展出，一旦展出，作品即與人們保持了一定的距離，作品與人們的互動完全局限於個人，而這個個人也要是有錢有閒的個人，一般平民很難去親近門票昂貴的博物館；但是新時代的文化工業下的藝術比如電影，在客觀上確實拓展了人們的視野和眼界，從而引起人們的感知方式發生變化。機械複製文化時代的藝術品如電影，轉向輕鬆休閒的接受方式轉變，特別是透過高科技複合媒體，將視、觸覺、習慣混合起來去吸收藝術作品，

作品呈現在人們面前不再是單獨個別的互動，而是以集體的方式實現，在此，機械複製的藝術能夠成為一個同時的集體經驗提供對象。正因為如此，班傑明以為，機械複製文化能夠並且應該承擔改造社會的革命功能（陳學明，1996：58-62）。

不僅如此，傳統的藝術由於其稀有性，所以被保護得相當周密，閒雜人等不得接近，在古代，那是典藏在深宮內苑專供帝后玩賞，即便在現代，珍貴的藝術品典藏在博物館中，不僅要提供專業人員從事維護，其投資的軟硬體也是常人所不能，如果因為文化藝術教育的推廣有必要展示，通常只有幾十年才舉辦特展一次，有些甚至百年、千年都難得一見，當然，有特殊的關係、地位者例外。像這類的藝術與人們的關係是消極的、有時甚至是排拒的；可是機械複製的文化工業藝術卻是主動、積極地走入人群、走向大眾，因為當代的複製技術滿足了人們渴望接近美麗藝術作品的願望，人們透過占有複製品占有藝術，這樣的複製技術不但讓藝術恢復了青春氣息，也讓以往不得其門而入的平民百姓得以一親芳澤，此正是舊時王謝堂前燕，早已飛入尋常百姓家了（李偉、郭東譯，2006）。

 ## 臺灣教育對文化工業的吸納

就霍克海默和阿多諾的批判理論來說，當代的流行時尚文化麻痺人們思考、讓人們沉迷於逸樂、並因而喪失了對資本主義批判、抵抗的能力，在他們看來，流行時尚文化這個文化工業是大企業家、資本家或者那些統治者徹頭徹尾的陰謀、欺騙，它不只違背了傳統以來文化、藝術的審美、獨特與創造的美學特質，也創造了一系列假相迷惑人們讓人失去了思考與創造的能力和可能。

由上可知，霍克海默和阿多諾從人的存在本質痛切地反省批判文化工業之一斑。這裡，或許有人就會問到，文化工業難道就真的那麼可恨嗎？

有學者分析，霍克海默和阿多諾對當代文化工業的態度乃受到對法西斯主義痛恨的影響所致，特別是對法西斯統治者利用宣傳工具操縱大眾意識有痛切的感受，從而認定法西斯主義出現就無可辯駁地證明文化的失

敗，甚至認定，在法西斯集中營之後的一切文化，包括對它的迫切的批判都是垃圾；從而，就霍克海默和阿多諾而言，對資本主義文化工業的批判，也就是對法西斯主義的批判（汪利平，2008：10-12）。

　　然而，我以為霍克海默和阿多諾對文化工業的排斥還有另一個原因，那就是霍克海默和阿多諾對傳統美學的過度依戀；我們必須瞭解的是，霍克海默和阿多諾的批判理論的美學觀點是相當傳統而且保守的，從某種意義上來說，這種美學觀點是菁英式的美學，它所指涉的藝術常是那些貴不可言的芭蕾舞、交響樂、古典藝術、莎士比亞戲劇等高雅文化、上流文化，相對地，它貶抑大眾文化的眾多表現形式諸如現代文化、流行音樂、搖滾樂、街舞等世俗化文化（陳學明，1996）；表面上，這種觀點崇敬個人長期的修為與薰習，似乎在訴說一個堅苦卓絕努力奮鬥學習的歷程；實際上，在這樣觀點背後隱藏而未便言明的重點是：美的獨特性在於它的高不可攀，正因為它高不可攀，所以它唯一、它稀有、它難得，也就是說，美不是一般人所能理解、享受的，美必須是受過專業而長期的薰習、訓練才有那種能力去理解、去創造、欣賞的，易言之，美是菁英貴族的特權。

　　而最諷刺的是，霍克海默和阿多諾所屬法蘭克福學派發展出來的批判理論就是要揭露資本主義所稱自由平等的假相，依霍克海默自己的看法就是，對傳統理論的批判，就必須落實在歷史進程中社會整體（social totality），包括文化、經濟、政治、社會等等脈絡上：資本主義號稱平等、自由、民主，社會批判理論的任務就是要透視事物的世界、穿透事物底下的人，並揭開資本主義社會的假象（曹衛東譯，2004；Horkheimer, 1972）。

　　然而，霍克海默和阿多諾等人從古典美學觀點來看待當代流行文化，他們深感失望與恐慌，因為，當一般的庶民都能接近藝術、享受美學時，美不再是貴族們的特權與專利，當藝術量產後並成為販夫走卒都買得起的商品時，它已喪失它的獨特性與稀有性，也就是說，當它被販夫走卒把玩玷污了，它就喪失了它作為美的價值了。其實這種觀點是一種知識分子的傲慢，一方面這樣的傲慢保護了他們的特權、將特權合法化，另一方面，傲慢貶損「無知」的芸芸大眾、也將被統治的人民牢牢地固著在下層階級，讓他們永世不得翻身。這樣的傲慢徹底違背了批判理論揭露資本主義

自由平等的假相之精神，因為傲慢阻隔了階級的流動、傲慢讓貧窮階級世襲、傲慢更傷害了那些渴望自由的靈魂。

我要說的是：傳統菁英美學是一個已逝去的古老時代，由於文化習性，人們自然會懷想「美好的昨日」，但那是一個不公平、不平等並由少數貴族或知識菁英壟斷特權的封閉年代。在一個開放而平等的社會裡，美不再是少數人的特權與專利，美原本就存在於每個人的身上和心中，每個人都有能力和權力去欣賞和享受它。特別是在當代社會中，教育已是相當普及了，尤其是臺灣的教育水準又遠高於世界其他國家，一般的國民都有大專以上的學位和學養了，對於美的欣賞和把握早已不遜於古代的貴族。因此，從當代的教育來看所謂的流行時尚文化，事實上是相當值得讚許的文化發展與推廣，不應單單從負面的、物化的角度去理解。

從這個意義上來說，班傑明對文化工業正面的看法是站在時代尖端、引領時代前進的觀點。

基本上，我國的教育體系對文化工業的觀點也大多從積極、正面的價值來看待，不過，我國大多延用聯合國教科文組織的「文化產業」這個名稱，不僅政府部門大力鼓吹文化產業，把它做為綠色產業以及永續發展的必要藍圖，立法部門並且把文化產業相關制度予以立法建構起來，在各大學中，也有不少系所逐漸轉向文化產業，因此，教育如何面對流行文化是相當重要且迫切的議題：在臺灣的高等教育裡，許多學系都開設有流行文化相關課程，甚至列為學生必修學分，也有很多大學早在推廣教育部門設立相關應用性的學程，近年來甚至愈來愈多大學院校紛紛開設相關學系了，名稱不一，有時尚造型設計管理系、時尚設計學系、時尚與創意產業品牌建構及經營管理學士學位學程、流行時尚造型設計系，有的不以時尚為系名，而以文化產業或文創為系名者更如過江之鯽。[7]

7　參見游惠遠（2012）。

七　結語

　　文化工業是一個錯綜複雜的議題。

　　從霍克海默和阿多諾的立場言，文化工業操弄意識型態、扼殺個性與自主性、抑制想像力與批判思考，人的主體性也在文化工業中土崩瓦解，人的情感表現被集體化，感受變成格式化產物，在社會集體情感形塑下，人不是渴望自由，而是在逃避自由，人的思考批判能力不斷地退化，對現實社會的矛盾與不平視若無睹，對社會階級間的分裂衝突也無動於衷，人們受宰制而不自覺。從而在此文化工業宰制下，教育也成半教育，人似乎看不到解放的可能。在此，霍克海默和阿多諾以其批判思維提供教育者一方智慧。

　　然而，霍克海默和阿多諾等人文化工業的觀點是一種古典菁英美學的傲慢觀點，那是一種與他們所標榜的批判理論精神相違背、歧視弱勢階級的知識菁英的觀點，在此，本文認為，我們不應再受限於那種狹隘的美學；本文倒是肯定班傑明對文化工業的積極價值之提呈，在此前提下，美學的普及化與商品化不僅是大勢所趨，文化工業更進一步也進入學術殿堂，作為大家學習、研究的對象，就美學的推廣來說，這是相當難得的契機。

　　然而，縱然如此，教育者面對文化工業依然存有若干矛盾。

　　尤其是最近看到某大學的美術系不抵時代潮流，正在研議轉型，希望把以往傳統的教育宗旨即培養美術創作人才、側重藝術獨立創作、技法學習與創新，調整為廣告、景觀與都市設計等方向，因為時下的學生似乎不耐那種需要長達幾十年的藝術訓練才能成就的藝術事業，最重要的是，經過幾十年的訓練之後，也沒辦法在社會上生存，所以在就業市場嚴苛的挑戰下，實在有必要調整美術系的發展方向和教育目標。

　　當前藝術相關系所的發展方向調整，或許乍看之下透露出些許無奈，這種無奈或許就如論者所云，文化工業往往透過一些潛移默化、不易察覺的作法，將其意識型態置入高等教育之中，高等教育也不自覺地轉化成產品的製作、行銷、消費並受制於一套系統化、理性化的市場運作程序，成

為和其他工業生產方式沒有兩樣的典型文化工業生產，它反映出時下流行的社會價值，學者甚至希望以此培育高等教育中學生的社會能力指標（何希慧、王淑芳，2009：12-18）；特別是在政府教育部門政策性的支持下，期許高等教育為社會、為產業而卓越，在教學方面，提供知識產業所需的高品質人才庫，在研究方面，大學能為創新經濟做出貢獻，並以研究吸引投資、以技術移轉、知識商業化創造新企業（蕭如容，2011：27）。在教育部以評鑑手段強力主導下，各大學似乎也不得不接受這樣的使命，以致深陷文化工業邏輯難以自拔。以往許多教育學者對高等教育期待其為引領社會改進的動力，而今文化工業卻深深影響著高等教育，並帶領了高等教育的發展。

從好的一面來說，教育敏銳地察覺社會變遷、承擔其社會責任。

從壞的一面來說，教育果然在文化工業的泥淖中喪失其自主性。

參考文獻

一、中文部分

文化產業（2013）。**文化產業的解釋**。2013年5月13日，取自define.cnki.net/
WebForms/WebDefines.aspx?searchword。

方永泉（2000）。文化工業與文化救贖──阿多諾文化批判觀點及其美學意
義。載於崔光宙、林逢祺（主編），**教育美學**（頁71-116）。臺北：五
南。

王曉東（2013）。西方馬克思主義的大眾文化批判理論及其啓示與限度。
2013年5月13日，取自http://www.lw23.com/paper_42096931/。

田心喻（譯）（1991）。波寇克著。**文化霸權**。臺北：遠流。

仰海峰（譯）（2006）。Henri Lefebvre著。消費被控制的官僚社會。載於張一
兵（主編），**社會批判理論紀事（第一輯）**。北京，中央編譯出版社。

牟德剛（2005）。流行文化與高校德育模式變革。**高等農業教育，4**，
28-31。

衣俊卿（2001）。**20世紀的新馬克思主義**。北京：中央編譯出版社。

何希慧、王淑芳（2009）。建構學生學習能力指標；以東吳大學結合學生
e-profolio為例。**評鑑雙月刊，19**，12-18。

宋國誠（2008）。靈魂的鄉愁──安德烈・塔可夫斯基的電影哲學，載於宋
國誠（編著），**形上的流亡**。臺北：擎松。

李偉、郭東（合譯）（2006）。瓦爾特・本雅明著。**機器複製時代的藝術**。
重慶：重慶出版集團。

汪利平（2008）。論阿多諾和霍克海默的文化工業批判理論的生成語境。**宜
賓學院學報，1**，10-12。

洪佩郁，藺月峰（合譯）（1988）。霍克海默、阿多爾諾著。**啓蒙辯證法**。
重慶：重慶出版社。

高丙中（譯）（2013）。文化工業再思考（阿多諾）。2013年5月13日，取自http://wenku.baidu.com/view/96f6a10af78a6529647d530a.html。

曹衛東（譯）（2004）。傳統理論與批判理論。載於曹衛東（主編），霍克海默集。上海：上海遠東出版社。

郭宏昇（2006）。從文化工業角度看日本A片在臺灣。網路社會學通訊期刊，44，2006年11月20日。取自http://mail.nhu.edu.tw/~society/e-j/44/44-32.htm。

陳學明（1996）。文化工業。臺北：揚智。

單世聯（譯）（1996）。Martin Evan Jay著。法蘭克福學派史。廣東：人民出版社。

游惠遠（2012）。臺灣的文化創意產業與大專文創科系課程結構分析。「第一屆文化創意學術研討會」（2012年5月）。臺中：勤益大學。

黃聖哲（2003）。阿多諾的半教育理論。東吳社會學報，15，1-21。

楊凡（2013）。阿多諾的大眾文化批判理論的再思考。2013年5月13日，取自http://blog.sina.com.cn/s/blog_48d20f1601007pmi.html。

廖敦如（2004）。從全球化的視覺文化觀點——探討「流行文化」為議題之藝術教學。藝術教育研究，7，55-86。

蕭如容（2011）。大學如何兼顧品質並邁向卓越。評鑑雙月刊，31，26-28。

錢江晚報（2010）。學生自製MTV宣傳耶魯大學。2010年2月20日06:11，取自http://www.sina.com.cn。

霍克海默（1989）。批判理論。重慶：重慶出版社。

二、外文部分

Adorno, T. W. (1984). *Aesthetic theory*. London: Routledge & Kegan Paul.

Adorno, T. W. (1991). *The culture industry: Selected essays on mass culture*. London: Routledge.

Adorno, T. W. (1993). Theory of Pseudo-culture. *Telos, 95*, 15-38.

Adorno, T. W. (1997). *Negative dialektik*. in Gesamelte Schriften, Bd. 6, Suhrkamp Verlag.

Benjamin, W. (1963, 1977) *Das Kunstwerk im Zeitalter seiner technischen Repro-duzierbarkeit*. Frankfur am Main: Suhrkamp Verlag.

Baudrillard, J. (1996). Simulacra and simulations. *Jean Baudrillard: Selected Writings*, ed. & introduced by Mark Poster. Stanford: Stanford University Press.

Featherstone, M. (1991). *Consumer culture and Postmodernism*. London: Sage Publications.

Gramsci, A. (1971) *Selections from the prison notebooks*. London: Lawrence and Wishart.

Gramsci, A. (1999). *Notes On politics. Prison notebooks* (pp.123-205), ed. and trans. Quintin Hoare and Geoffrey Nowell Smith. 1st ed. 1971. New York: International Publisher.

Hall, S. (1986). The rediscovery of "Ideology": Return of the repressed in media studies. in M. Gurevitch, T. Bennett, J. Curran & J. Woollacott, (Eds.), *Culture, society and media* (pp.56-90). London & New York: Routledge.

Horkheimer, M. (1972). Traditional and critical Theory. in M. Horkheimer, *Critical theory: selected* (pp.188-243). Essays, Eng. Trans. M. J. O'connell and Others. New York: The Seabury Press.

Horkheimer, M. (1991). *Gesammelte Schrifte*. band 6, Fisher verlag, Frankfurt am-main.

Horkheimer, M., & Adorno, T. W. (1969). *Dialectic of enlightenment*. New York: Continuum.

Mahiri, J. (2000). Popular culture pedagogy and the end(s) of school. *Journal of Adolescent and Adult Literacy, 44*(4), 382-385.

Marcuse, H. (1964). *One-dimensional Man*. Boston: Beacon.

Storey, J. (2001). *Culture theory and popular culture: An introduction*. NewYork: Prentice Hall.

Wilson, B. (2003). Of diagrams and rhizomes: Visual culture, contemporary art, and the impossibility of mapping the content of art education. *Studies in Art Education, 44*(3), 214-229.

第五章

明星學校夢：
從教育場域看臺灣的
階級再製

前言

　　幾年前臺灣流行一部根據漫畫改編的日劇叫「のだめカンタービレ」意思是「如歌般的野田妹」，製作單位把它翻譯為《交響情人夢》，劇情是描寫一個人熱愛音樂、痴迷地追求理想的築夢過程，這齣日劇用著深入淺出的方式介紹了許多古典音樂的知識，它透過有張力的劇情激發欣賞者內心對於古典音樂的高度興趣，這是一部相當成功的戲劇。但是在臺灣，我們的孩子們則似乎沒有野田妹這般優雅的品味，但卻也都有著相同的痴迷和瘋狂，那就是對「明星學校」的夢。

　　所謂的「明星學校」，指的是一個學校升學率、特殊教學、特殊榮譽及學校資源等方面都極為優異，是每個人都夢想進去就讀的學校。當然，其中最主要的就是「升學率」，「升學率」一項之所以會成為民眾抉擇學校甚至是居住地點的熱門榜首，一般認為，除了由於升學率為衡量學校品質的量化指標，另外，升學率高的學校，也代表教育的綜合成果佳，因此無論硬體設備、環境條件及教育品質都屬優良。

　　臺灣社會長期以來就存在這種明星學校夢，特別是近年在少子化趨勢下，很多家長更是從小學開始就費盡心思積極爭取讓子女到明星學校就讀的機會。這裡就有一則新聞提到這種現象（蔡宗勳，2011）：

　　　　少子化衝擊，多數學校都對學生日漸減少傷腦筋，但家長眼中的明星學校卻逆勢增班，致鄰近學校招生更顯窘迫，長久下去，絕非教育之福。

　　　　嘉義縣去年（按：2010年）國小新生人數為3,789人，已是歷年來最低，今年減至3,408人，一口氣又少了381人，由於幅度太大，即使班級法定學生數一再下降，連民雄、水上與竹崎等大型中心學校都難逃減班命運。

　　　　相對於絕大多數學校因新生數減少而減班，由臺塑集團捐贈設立的祥和國小卻炙手可熱，雖採總量管制，但家長還是擠破頭將孩子往祥和送，致必須增加兩班才有辦法容納，但增班

與否卻引發很大爭議。

　　事實上，祥和新生報到超標已是常態，爲此縣府還修改入學規定，除長庚系統子弟第一優先外，將學區戶籍調爲第二順位，縣府各行政機關子女則降至第三順位，避免給予外界官官相護的訾議。

　　如此一來，縣府員工子女將很難進入祥和，因而部分家長積極串連，要求縣府增班聲浪高張，但強勢運作，卻也引發反彈，不少人就批評，週三下午常可見縣府員工將辦公室當成「安親班」，公私不分現象令人詬病已久，現在又爲他們量身打造，不公不義將落人話柄。

　　全國教師會理事長張輝山說，目前公私立各高中教育的發展非常畸形，所謂「明星高中」吸收學業成績最高的學生，然後依次第二、三……志願排列各高中順序，成績最末學生再進入私立高中，造成各高中學校教育不平衡的發展，以及國中教育的黑暗期。前者讓多元入學方案的理想變成形式的空談，學生多元入學唯一的目的就是擠入明星高中，明星高中多元入學唯一的標準是學科成績；後者讓國中校長、老師、家長及學生以考上明星高中爲學校及學生存在唯一的價值，國中教育一成不變的就是考試，教育改革變成口號與形式（徐明珠，2001）。

　　如此看來，明星學校儼然成爲臺灣教育改革成敗的關鍵了，實在值得我們好好研究明星學校這種特異現象，以及這種現象對臺灣社會發展的影響。

 明星學校作爲一種競逐資本的「場域」

　　明星學校本身就是臺灣人民追逐的夢，它是法國學者布迪厄（Pierre Bourdieu）所稱的「場域」（field/Champs）（Bourdieu, 1984），[1]這是一個

1　場域是布迪厄文化再製理論中的一個重要概念，關於文化再製理論的介紹請參見本

特殊的社會空間，一個臺灣人民，不分大小、男女、老少、貧富日夜懸念的社會空間；明星學校這種教育場域是社會權力的分配場，布迪厄把這種權力分配的處所稱為「已建構的結構」（structured structure），同時也是「建構中的結構」（structuring structure）；這是布迪厄獨到的分析方式，他將客觀社會結構生成與個人心智結構生成（the genesis of the mental structure）結合起來同時分析，因為在他看來，每個人的心智結構都是社會結構具體化的產物，但他同時又在對社會結構產生影響，因此，布迪厄認定對個人心智結構生成與社會結構本身如何生成這兩者的分析是不可能分離對待的。在此，社會結構指的是社會空間（the social space），以及占有這些社會空間的人，社會結構是人類歷史鬥爭的產物，行動者（agents）以他們所處的社會空間，結合了他們理解這個空間的心智結構，捲入歷史鬥爭的洪流之中（Bourdieu & Wacquant, 1992：120-121）。[2]

　　「場域」這個概念是布迪厄探討行動主體和社會結構之間關係的重要工具：一個社會已被分割成許多不同的場域，在這些不同的場域（「已建構的結構」的場所）進行著一些為了特定目標的競爭。場域指的並不一定是個存在的實體，它是一個存在於個體之間、群體之間想像上的領域。場域乃是由各種社會地位和職務所建構出來的空間，它是由具有共同價值、思想、制度、組織規則的人員組合而成的多元複合體，例如圍繞著某一特定主題—政治、經濟、藝術、教育等—而形成的社會生活圈，如政治圈、經濟圈、藝術圈、教育圈，這種社會生活圈的性質取決於這些空間之中各人所占據的社會地位和職務。因此場域不能被化約為孤立行動主體的單純聚合、或只是並列元素的總合，像行星的磁場一樣，它是由權力軌道所構成的系統。在某一既定時間裡，行動主體的體系決定其特定的結構；同時，每一個行動主體亦由其在場域中的特定位置來界定，由此而產生其位

書第三章以及王振輝（2012）。

2　由於強調同時分析社會結構與心智結構的生成，並且特別強調這兩個層次的分析必然是緊密相關、相互生成的，因此布迪厄稱自己的理論為生成結構論（genetic structuralism）。見Bourdieu（1990: 14）。

置的屬性（即前述所說「已建構的結構論」和「建構中的結構論」）（包亞明譯，1997）。

理論上看，每個場域皆有其一定的邊界，然而身處在特定場域內人，反而當局者迷，他是很難清楚地描述其場域，但在實際的操作過程，他卻會很清楚地知道如何操作、誰是領袖、誰在挑戰；因此，對布迪厄來說，作為社會科學家，就是要去清楚描繪場域的邊界、特色、角色以及交換的籌碼。布迪厄認為，在場域中的籌碼通常三種：經濟資本（le capital economique）、文化資本（le capital culturel）、社會資本（le capital so-cial），它們分別對應著財富、名器與頭銜、社會地位與社會關係網絡，以及上流社會所標榜的「品味」等（Bourdieu, 1986: 286）。

從客觀上看，一個場域是一個被建構的社會空間，一個力量場域——就像馬基維利（Niccolo Machiavelli）的權力競逐——有著支配者和被支配者作用於這個空間內部，有著永遠不變的不平等關係，這是一個激烈競爭的空間。但是從主觀上看，在這個圈子的內部，每個人在他和其他人的競爭裡投入他能掌握的力量，而且，這個力量的大小定義了他在場域裡的位置，也相應地，定義了他的許多行動策略，這個力量便是他所擁有的籌碼——各類資本。行動者在場域中如何運用策略，取決於他所擁有資本的性質、種類、數量；按，資本的概念原屬經濟的範疇，資本的累積需靠投資、繼承，並依照資本擁有人所掌握的理財、置產時機而決定其獲利多寡。

明星學校作為一種教育場域，相對而言，其邊界是十分清楚的，它就是一所學校，它可能是小學、國中、高中或大學；其鮮明的特色是高升學率、高國內外排名、昂貴地段、優秀師資、非凡身價的畢業證書、優勢資源以及眾多成功校友等等，當然能夠進場去角逐此種權力場域的學生也都是社會菁英，每個人以其校友為榮，是以想方設法、千方百計，投入各種資源擠入這樣的名校；臺灣人民對明星學校的崇拜可以說是一種集體意識，有人就這麼形容這種集體意識（羅伯特‧亞當斯，2011）：

　　臺灣社會對於「明星學校」存在由來已久的集體意識，

不富不貴者冀圖子女或自己從「明星學校」的加持，獲得社會
向上流動的力量，既富且貴者更希望「明星學校」的加冕能使
家業遠傳、名聲流芳。有的人盼望國內的明星學校，從小學、
中學、大學甚至研究所，無不遵循社會既定的明星學校崇拜意
識，一步步把子女或自己往這條窄路上儘量擠一擠，有資本者
則把觸角伸到國外，哈佛、牛津、劍橋、長春藤盟校等名校的
崇拜更加明顯，喝洋水、吸收洋墨汁的名校崇拜之旅，彷彿就
是鍍金取鑽的必經過程與結果。這種集體崇拜無分貧富貴賤，
只是渴求明星學校的名校對象不同、程度不一罷了。

其實，這樣的崇拜不僅臺灣為然，同是中國文化的大陸人民也深為
明星學校所著迷，例如中國大陸最近有以下這則評論（中國評論新聞網，
2012）：

中國校友會網近日發布了《2012中國大學傑出校友排行
榜》，看了這個榜單，我估計不少人會進一步地強化名校情
結。排在前十名的，都是響噹噹的名字，而北大、清華、人
大，則毫無懸念地位列前三。榜單顯示，改革開放30多年來，清
華大學造就了84名億萬富豪，校友財富合計近3000億元。在傑出
校友中，1952年以後畢業於北大的政、商、學界傑出人才最多，
有456人：其次是清華，有292人。

這裡的「名校情結」就是本文所說的「明星學校夢」。進入名校等於
是成功的保證。

簡單地說，貧窮的人希望透過明星學校這樣的場域來翻身，富貴的
人則期望以此來鞏固自己的社會地位，因此，它變成一種全民共同追逐之
夢。

然而，這種集體意識事實上是一種菁英主義（elitism），臺大數學系
教授黃武雄認為，臺灣教改常不自覺地陷入這種菁英主義的意識型態中

（黃武雄，2003：53-56）。如同論者所觀察的，一直以來，臺灣教育的菁英思維確實已根深蒂固了，家長與學生的觀念亟待改變，每位學生都想擠明星高中、明星大學，這是一種虛榮的心理，因為進了明星高中才有較大的機會考進明星大學，而這些系出名門的學生，就是典型的「菁英分子」，在他們出社會之後，固然容易有強烈的菁英思維（林彥廷，2009）。有位網友將這種菁英主義視為理所當然，他的理由是（熊掌印，2005）：

> 臺灣要追求進步當然需要傑出的人才，
> 所謂明星學校當然有其價值，
> 難道哈佛、MIT、哥倫比亞、牛津、普林斯頓……都假的啊！
> 進步的國家大部分也有存在所謂菁英教育。

然而，要進入這種菁英主義的明星學校就讀，若不是天資聰穎，就必須從小栽培，按臺灣社會的風氣來說，就是不斷地補習、學習更多的才藝，然後沒日沒夜地不斷讀書、考試，通過許多如惡夢般的補習與考試，最後才有可能擠進明星學校這個窄門。因此，就像布迪厄所說的，想要進入明星學校這個教育「場域」以及人們在場域的位置，取決於這個人所擁有的資本數量；而一個人所擁有以及運用的全部資本總量，而所有這些資本事實上就是階級的判斷標準（Bourdieu, 1984）。

於是，明星學校這樣的「場域」就以各種社會關係連接起來的、表現形式多樣的社會空間或社會領域來呈現，要進入這樣的場域，其家庭必得擁有數量龐大的資本，他的孩子才能與人競逐。因此，一個明星學校教育場域可以被定義為在教育過程中的各種位置之間存在的客觀關係的一個特殊網絡或結構。在臺灣社會中，明星學校這種場域由前述諸多不同的社會要素如地段、畢業證書、優勢資源……等連接而成的，這些社會中不同要素通過行動者占有不同「位置」（比如明星學區）而在場域中存在並發揮作用。行動者在明星學校這個場域所建構的社會關係就像一張社會之網，

而位置可以被看成是網上的結。位置是人們形成社會關係的前提，社會成員和社會團體因占有不同的位置而獲得不同的社會資源和權利。因此，搶先占有這樣的位置攸關爭奪社會資源及個人前途的生死之戰，明星學校的重要性因而凸顯。

如果我們更深入地分析，臺灣的明星學校其實不只是一個「場所」、「位置」，它更是一種社會品牌—即社會所共同推崇的價值，這倒也符應了布迪厄所說的「場域」，它指涉的範疇十分寬泛，既可以是具體的、正規的集團組織，也可以是有著某些共同價值觀念（信仰）的鬆散的社會網絡體系。依布迪厄，社會空間或場域就像市場體系一樣，不同的特殊利益或多重的特殊資本進行交換與競爭，就像布迪厄所指出的（高宣揚，2002：231-232）：

> 作為一種場域的一般社會空間，一方面是一種力量的場域，而這些力量是參與到場域中去的行動者所必須具備的；另一方面，它又是一種鬥爭的場域；就是在這種鬥爭場域中，所有的行動者相互遭遇，而且，他們依據在力的場域結構中所占據的不同地位而使用不同的鬥爭手段、並具有不同的鬥爭目的。此與同時，這些行動者也為保持或改造場域的結構而分別貢獻他們的力量。

場域，是在生活中行動者擁有的社會地位、不同形式的資本力量及權力範圍而產生的相互關係網絡。可以這麼說，場域本身就是一種珍貴的資本，因為不同的場域所建構的社會網絡和資源是完全不同的，這種珍貴的資本不僅是一種抽象的價值，它確實可以轉換成具體的資源；以明星學校來說，明星學校集合了優秀的老師、豐富的資源、便利的交通、精華地段、方便的生活圈、充沛的政商關係等，是其他等閒學校所無法望其項背者；就舉資源一項來說，臺大教授張瑞雄就指出，當前臺灣高等教育資源分配極為不均，5年500億計畫是最好的例子。目前國立大學有70幾所，除了受補助的11所外，其他的國立大學都在苦撐經營。在僧多粥少的情

況下，臺大1年仍可拿到30億，可說占盡資源。預算都湧向臺大等明星學校，學費差不多，資源卻多很多的情況下，學生當然拼命地往臺大擠（陳心冕、黃政嘉，2011）。

 ## 三 攸關文化資本的爭奪戰

職是之故，在臺灣這種教育場域裡頭展開各種象徵資本（le capital symbolique）的爭奪，它事實是一種現代形態的鬥爭，不同於馬克思主義的階級鬥爭大部分陷於經濟資本的鬥爭，布迪厄所指稱的象徵資本的鬥爭，是一種更細膩的、更深刻的、也是更為全面的現代化鬥爭；在臺灣，明星學校這樣的場域是一場文化資本、社會資本和經濟資本全方位的爭奪戰。[3]

其中特別是文化資本的競逐，文化資本是布迪厄各種形式的資本中最為重要的概念，尤其是文化資本在社會階級再製中的關鍵作用。

這種文化資本通常以三種形式存在於人們的社會交往中，它們分別是：

1. 內化形式（embodied form）

即存在心理和軀體上的長期稟性形式（embodied as a disposition of the mind and body），它以精神和身體所稟賦的持久性情的形式存在，特指個人經後天長期訓練、薰習、培養而內化的修養，例如一般人所說的習慣、學識、氣質、胸懷、品味、談吐等蘊於內而形於外的特質，具有這些特質的人其拿捏得恰到好處的舉手投足令人感到卓爾不凡，讓人過目難忘、令人賞心悅目、讓人愉悅、令人尊敬，也因此更容易使人親近，當然，這樣的人的社會關係比一般人更為綿密、更為良好，在人際溝通與交流中往往不知不覺地便能創造更多的機遇，從而獲得更多有價值的資源。

---

[3] 關於此三種資本形式，本人曾在〈教育與文化再製〉一文做過理論上的介紹，在本文中，我較著重於這三種資本如何在教育場域中實際運作之論述，關於前文見王振輝（2012）。

2. 具體化形式（objectified form）

指個人所擁有的有文化意涵物品以及運用它們的能力，這些文化意涵物品可以是現代如電腦、智慧型手機，可以是古典如水墨畫、古董等藝術品。這些物品可以作為商品，而在交易中可以直接轉換成經濟資本；但若要有能力運用它們，則必須具備創造、解讀物品的文化內涵之能力，它有賴於長期陶冶的修為、學養，比如一個人對中國明代宣德青花瓷的鑑賞，他既要瞭解明代歷史、政治、經濟發展，特別是永樂皇帝、宣德皇帝這兩個人，還要有中國文人畫、水墨畫的造詣，至少要能深入品味欣賞文人畫、水墨畫，不僅如此，更要具備當時陶瓷燒造的學養，如蘇麻泥青特點、器形、工藝特徵、時代習俗，如此才能真正欣賞其藝術價值；其餘如欣賞西洋古典音樂，欣賞者一樣需要具備一定程度的審美能力。這種具體化形式的文化資本，通常表現為文化商品（cultural goods）的形式，這些商品是理論留下的痕跡和理論的具體顯現，特指個人擁有的文化商品以及對這些物品鑑賞、解碼的能力。

3. 制度化形式（institutionalized form）

乃是由合法化的制度所承認的各種教育、考試、訓練資格或憑證，比如學歷、學校等級、證照，它以一種客觀化的形式存在，這種形式賦予文化資本一種完全是原始性的財產，而文化資本正是受到了這筆財產的庇護展現其非凡價值，在此，文化資本特指個人取得政府機關認證的教育文憑和證書（Bourdieu, 1986）。在臺灣各級學校現在盛行的英文檢定、多益、托福、雅思以及各類職業證照皆是，許多大專院校和系所更直接將特定檢定與證照設定學生畢業門檻，以此強調制度化形式的能力之培育。

其實這三種文化資本形式也可以從另一側面來解讀，它們分別可稱為文化能力、文化產品和文化制度（羅生全、靳玉樂，2007）。文化能力以內在化為前提，是指通過各種教育，經由行動者的身體力行與對學習投入的時間，內化為自身的、並成為精神與身體一部分的知識、教養、技能、趣味及感性等才華。文化產品是文化價值的體現，其價值是由具有文化能力的個體根據其內化的文化內容賦予的，是一種物質存在，例如經過長期訓練培育的畫家的油畫、雕塑家的雕像等藝術創作，文化產品是可以傳遞

的。文化制度則是體制化的文化資本，它是文化能力經過文化體制的資格授權後的存在形式，教育行政部門通過對文化制度化來干預、控制文化資本，使文化資本成為一種標籤，相應的文化資本的占有量便有相應的資格和證書予以證明，同時反映其社會地位。體制化的背後是權力，人們可以清楚地看到體制性權力的行為魔力，看到顯露自身的權力和捍衛信仰的權力，換言之，看到強迫別人接受「社會公認性」的權力，例如學校所安排的課程也是文化的制度化，學生對課程文本的學習是個體接受文化產品的過程，是體制規定下的體現權力的合法化接受。

從表面上看，上述的三種文化資本的形態，看來似乎大多數是一種已經物化的資本形式，其實在布迪厄看來，文化資本不僅僅是一個能完全解釋文化的「被形塑結構作用」的、靜態的實體性概念，它同時也是一個能充分闡釋行動者「形塑結構的作用」、並能及時回應外在變化的、動態的運動體（朱偉鈺，2006），也就是說，文化資本有其客觀性，也有其主觀性，一方面文化資本唯有通過「人」（行動者）這個文化載體體現其存在與固有價值，此其客觀性；而另方面則因為人的主體能動地解讀、回應社會的遷流變化並作用於社會從而去塑造新的社會結構，此其主觀性。從另一角度來說，文化資本的客觀性就是前面所說的「已建構的結構」，文化資本的主觀性就是「建構中的結構」，如果以臺灣社會中常見的文化資本來說，家庭所累積下來的文化資本就是其客觀性，而個人心智結構的生成過程便是文化資本的主觀性，這兩者在社會階級再製中皆具關鍵性作用。

這裡要強調的是，文化資本的積累通常是以一種再製（生產）的方式進行的。「再製」是一個體現代與代之間文化資本傳遞方式的概念，「再製」強調資本積累過程中「反覆生產或複製」的特徵。也就是說，文化資本的積累不是一種從無到有的創造性生產，它是從社會客觀存在到主體主觀創造的過程，其中主要是以傳承方式實現的。

在臺灣的教育過程中，個人想要積累這樣的文化資本，必須透過各種資本的幫助，這些資本就是家庭背景、經濟地位、天賦條件等，優勢家庭以這些資本為前提，每個人透過看似「公平」的考試制度，進行一場全方面的鬥爭，從而進入明星學校成功地再製文化資本，而且這樣的再製是相

當隱蔽和巧妙的，如學者所訪查的心得（林彥廷，2009）：

> 筆者曾問了一名臺大高材生，他承認自己是眾多學生當中的菁英階級，也承認在家庭背景、經濟考量、天賦等方面享有與生俱來的優勢地位，也認為每一次的考驗都是公平的；但對於他談到那些非名校或不會唸書的學生時，他則表示這是一種「正常現象」，也是一種「上智下愚」的必然結果。

正是在「每一次的考驗都是公平的」考選制度以及美麗的文化神話底下，文化資本施展其「虛假的非功利性」（disinterestness）之隱蔽的魅惑力，一方面，文化資本在其文化的外衣之下強有而力地表現出其拒絕經濟勢力染污的非功利本質的特性，彷彿告訴人們文化是與利潤、世俗功利主義的銅臭脫勾的；另一方面，文化資本在經過考選制度及其合法性的洗禮之後，它表現出公平性、神聖性、純潔性、知識性等特質超越了庸俗；或者說，社會大眾對這樣的文化資本產生了「誤認」（misrecognition），似乎在競逐文化資本時，所有行動者都是平等的，文化資本在此維持著一個公平性和非功利的光環，這實質上誤導社會大眾對以下事實的認知：在社會競爭時，事實上都存在著行動者所繼承的資本的不平等，並非所有行動者都可以處在同一個位置上對這一同等的對待做出同樣的反應（Beasley-Murray, 2000: 113-114; Bourdieu, 1986）。這個也是布迪厄把文化資本稱為「象徵暴力」（symbolic violence）的原由，一來原本所有象徵皆是文化系統的產物，它是由這個社會上每個成員點點滴滴、日積月累在不知不覺中共同合作所創造出來的結構；二來這個暴力乃是一種由支配者透過它所控制的系統「強加」在被支配者身上的合法過程；在此，文化資本這種合法性是進一步讓行動者擴大再生產資本的有效理由，即賦予行動者更多合理的、倫理的動機，從而讓行動者更理所當然地、勇敢地去追逐更多的文化資本，以期符合社會期待進入菁英行列。

如此這般，符應合法的、合理的、倫理的文化資本也就巧妙地隱蔽其社會階級再製此一殘酷的事實，而實際上這種誤認是一種幻象（illusion），它的根源來自於考選制度與學校所具有的教育學術權威，讓人們誤以為其中的運作是合法而且是中立客觀的。經由這層誤認的過程，社會階級鬥爭的權力關係並沒有被人們客觀的理解，而是以一種合法的形式強行烙印在人們的腦海之中，變成「每一次的考驗都是公平的」考選制度（Bourdieu, & Passeron, 1977: 1-68）。

可見，從表面上看，一個人想要擠身這樣的菁英階級，想要進入明星學校的窄門，是家庭動員了多少力量、費盡多少的心思，才能挺進如此的場域，但是，從複雜的社會互動來看，進入明星學校獲得一張文憑的背後又是隱藏了多少社會、經濟、政治權力鬥爭的糾纏；而且最重要的是，明星學校這個教育場域作為各種要素形成的關係網，它是一個動態變化的過程，而變化的動力也來自我們底下要講的社會資本。

四　通過明星學校所取得的社會資本

學生進入明星學校不只是為追求高升學率，最後取得他的文化資本，其實在搶進明星學校的過程裡，充足的「社會資本」既是一個學生入學的前提，同時也是他入學的目的。

根據布迪厄，所謂的「社會資本」就是個人在一種社會組織結構中，利用自己特殊位置而獲取利益的能力（Bourdieu, 1986: 248）。它與其他資本不同的是，它存在於人際關係與社會網絡資源之中，但是，社會資本不是社會關係本身，因為每個人都有社會關係，但不是每個人都有社會資本，這是由於當我們的親朋好友只是市井小民、販夫走卒時，我們是無法透過這樣的社會關係取得資源與利益的。

關於社會資本，最早使用此一概念的是經濟學家羅瑞（Glenn Loury），羅瑞在〈種族收入差別的動態理論〉（A Dynamic Theory of Racial Income Differences）中，批評新古典經濟學理論在研究種族間收入不平等時太過注重人力資本的作用，羅瑞從社會結構資源對經濟活動影響的角度出發，首次提出了與物質資本、人力資本相對應的一個嶄新的概念——社會資本；在他看來，社會資本是諸多資源之一，存在於家庭關係與社區的

社會組織之中（Loury, 1977）。羅瑞的社會資本概念，後來經由布迪厄的進一步發揮，對社會資本進行系統性的考察，做了更周延的界定：

> 　　實際的或潛在的資源的集合體，那些資源是同對某些持久的網絡的占有密不可分的。這一網絡是大家共同熟悉的，得到公認的，而且是一種體制化的網絡，這一網絡是同某團體的會員制相聯繫的，它從集體性擁有資本的角度為每個會員提供支持，提供為他們贏得聲望的憑證。[4]

美國學者柯爾曼（J. S. Coleman）稍後則將社會資本定義為：能做為個人資本財的社會結構資源；他特別著重在「關係」的層面上，當個人擁有愈多有助於目標行動的關係，則愈能運用這些關係來達成目標，社會資本的表現形式有相互的義務與期望、資訊網絡、規範與懲罰、權威關係、各類型社會組織和有意創造的組織等等（Coleman, 1988a, 1990）。在教育社會學上，柯爾曼是將社會資本理論應用到教育領域的主要學者。根據柯爾曼，社會資本在教育上扮演重要的角色是在功能上引導兒童由家庭社會化過渡到公共機構，他指出，在傳統社會中，兒童的成長過程受到家庭和鄰里的照顧，這些構成了兒童成長的社會資本。但隨著現代社會結構的變化，父母工作壓力不斷增加，鄉里之間人際關係逐漸淡漠，兒童所獲得的社會資本愈來愈少，不利於他們的成長。於是，在一個現代化社會裡，影響兒童未來成就最重要的社會資本就只能是他的家庭背景了，其重要變項包括家庭有效地支持教育、家庭子女數量、父母教育程度（Coleman, 1988b）。

　　在臺灣，一個學生最初的社會資本是來自他的家庭，也就是他的父母

---

[4] 「社會資本」（social　capital）這個概念最先由布迪厄在1980年於《社會科學研究》雜誌上發表了題為〈社會資本隨筆〉的短文法文論文中提出，但直到1985年他用英文寫的一篇論文發表之後，這個概念才引起學術界的廣泛注意。詳見Bourdieu（1986: 248）。

親，根據柯爾曼的研究，父母為子女創造社會資本有賴於下列三個要素：1.父母與子女的聯繫程度；2.父母與子女關係的穩定程度；3.父母的意識型態。他特別強調父母與子女的親密關係，並將此親密關係視為有助於子女成長的社會資本（Coleman, 1988a, 1997）。

國內學者林枝旺參照柯爾曼的社會資本理論進行實證量化研究，其中，他所謂的「社會資本」定義是指學生經由其日常生活行動而產生之關係網絡，而這些關係網絡將會影響學生之學業成就，它的具體內涵包括「父母教育參與」、「家庭教育氣氛」、「打工」、「補習」四項，其研究結論是，社經地位愈高之家庭，其子女之社會資本愈高（林枝旺，2005）。

另一國內學者周新富也依據柯爾曼的理論，探討家庭為主的社會資本形式內涵，及整理其與子女學習結果關係，他把家庭內部的社會資本，區分為家庭互動、父母教育期待、父母參與教育、子女行為監督、家庭規範等（周新富，2005）。

實際上，其他相關的研究也都證明，父母的教育程度與社經地位都決定了一個家庭所擁有的社會資本，例如陳怡靖與鄭燿男的研究顯示，父母教育程度越高，家庭的社會資本愈高，即父母對子女的教育愈關注、愈投入，則愈有利於教育年數（陳怡靖、鄭燿男，2000）。而巫有鎰的研究也發現：父母社經地位愈高、社會資本愈高，將會對子女的教育愈關注與期望愈高，結果對子女的成就抱負有正面的影響，且會提升子女的學業成績，證實了社會資本有助於提升子女的教育抱負，且是影響教育抱負的中介變項（巫有鎰，1997）。

如果以明星學校來說，學生最初通過家庭的社會資本取得進入學明星學校的資格，但這僅僅學生取得社會資本的第一步，有了家庭所支撐出來的社會體系的奧援，學生才有可能問鼎明星學校；一個在臺灣的學生必須做的第二步是，在明星學校獲取、累積屬於他自己的社會資本。

關於這個第二步，臺灣大學資訊工程系歐陽明教授便一針見血地指出，一個學生進入臺、清、交、成等名校就讀，就可累積人脈。就讀名校所累積的人脈就是學生自己的社會資本。

　　其實，名校自身就是一種「社會資本」，像筆者服務的私立大學，有一個研究生寫提交給教授的心得報告裡就說到，有一次她去一家大企業應徵，主持面試的主管當場就明白地告訴她，你的學業成績、履歷、談吐應答都顯示出你是不錯的人才，不過，我們礙難錄用，因為這次的應徵者有清華大學畢業的，公司就要這樣的人才；她在報告中表示，這種活生生的學校歧視讓她心裡著實受傷。這裡的「社會資本」指的就是明星學校這塊招牌的社會價值。

　　其次，社會資本的另一個意涵就是前面所說的「人脈」，在此，此種人脈社會資本是指實際或潛在資源的集合體，包括個人的社會網絡及個人與組織的關係，它能以集體擁有的形式提供團體成員支持，也就是社會關係或網絡關係可以轉換成社會上有價值的資源和機會，例如尋找工作時綿密的同學網絡所提供的機會、受傷時感情的支持、選舉時合法的組織角色、工作中取得特別的資訊、比別人更多社會流動的機會等等。因此，布迪厄指出，社會資本指的是，人們的關係網絡創造了一種解決社會問題的有價值的資源，並向成員提供集體所有的資本（Bourdieu, 1986）。這種現象在臺灣特別普遍，在許多公私部門中，名校同學學長學弟互為奧援結幫結派，形成利益集團，也正因為這種牢不可破的利益集團效應益增明星學校的價值光環，許多人千方百計擠身如此利益集團，獲得別人無法企及的利益。例如許多著名的國立大學爭相開設在職進修班，如企業家班、金融MBA、國際EMBA班等，它們也成功地吸引了眾多大企業家、CEO的爭相報名，因為他們知道，在這樣明星學校的進修班，人脈就是錢脈，在那裡交朋友遠比學知識更加重要，進修班唯一的目的就是交朋友。學校也清楚這一點，有一些甚至在招生簡章上更明明白白地告訴考生：擁有學校的同學資源，將是你一生最寶貴的人脈財富。

　　當然，如果家庭沒有這樣的社會資本，將無法支持子女的學業成就，子女當然也就無法就讀明星學校了，理所當然地無法建構屬於他自己的社會資本。

　　在現實世界中，每一個人在多方面的社會空間中都占有一定的位置，如前所說，社會資本是個人利用自己特殊位置而獲取利益的能力；鄉下學

校與都會明星學校的學生並不是因為他的資質優劣而有所分別，其真正的分別乃是透過學校這個場域能擁有的不同種類的資本來造就自己未來的成就；這就是「社會資本」，這些社會資本包括了如前所述義務與期望、信息網絡、規範與懲罰、權威關係、多功能社會組織和有意創建的組織以及人與人之間的各種社會網絡，即個人的親戚、朋友、同學、同鄉等關係，一個人能從中獲取的利益愈高，那麼他的社會資本就愈高；布迪厄在其著作中努力地證明了這種社會資本所帶來的是不平等的再生產（Bourdieu, 1986）。

利用明星學校來獲取社會資本的情況不僅在臺灣如此，在外國依然如此，例如韓國學者（Lee, & Brinton, 1996）指出，在南韓競爭角逐進入有名望的大學（明星大學）在就業市場上相當占優勢，學生可以利用學校名望調節人力資本及社會資本。

 ### 五 明星學區與經濟資本作為一種篩選機制

一般而論，社會經濟地位高的家庭也將其擁有社會經濟資本轉換為子女各種機會的優勢，進行不平等的代際傳遞。

在臺灣，這種不平等的代際傳遞最具體顯示在所謂的「明星學區」上，即明星學校的所在地所形成的生活環境，它儼然成為一種篩選人才的自然機制。

這是由於臺灣的明星學校都設在都會精華地段，因此，在中小學階段，多數縣市及明星學校在入學需求過多的壓力下，學生的家長就紛紛以設籍時間及取得權狀，做為代表居住事實的形式審查，因此若能及早購屋設籍並自住，就愈能確保子女順利進入心目中的明星學校；此時，家庭的經濟資本就決定了他能否進駐明星學區的關鍵了。而在好不容易擠入明星學校之後，除了昂貴的生活費用，當然又是緊接著一系列無窮無盡的用功、補習、考試，特別是補習，是臺灣中小學生的夢魘，當然也是在家庭雄厚經濟資本的支持下的結果，一個階段的明星學校夢之後，就又是另一階段的明星學校的追逐。如此循環不已。

　　根據2011年的一項調查，在臺北市明星學區裡的房價近五年飆漲100%（馮昭，2011）。可是，即便房價再飆，為人父母者為了兒女，也是千方百計遷入明星學區。據云，臺北市師大附中國中部的學區，只有兩個里的範圍，光是設籍就讓家長搶破了頭（全臺學區剖析，2013）。例如最近網路上流傳一篇文章（親子天下部落客共和國，2013），其中寫道：

> 　　最近遇到一位住在社區的朋友，她說：
> 　　「我兒子（小四升小五）秋天要轉到臺北市讀書了……要不是龍年生的孩子太多，排隊入學比較久，小三我就已經讓他轉學了！」
> 　　小熊同學的家長們，也有不少考慮三、四年級後，讓孩子轉學到臺北市唸書。不是因為小熊的學校不好，而是為了將來讓孩子唸北市的好國中，要從小就先去排隊，取得北市國中的入學資格。

　　這些明星學區地價、房價極為昂貴，因此，要進入明星學區，當然得在經濟上有相當的地位，也就是要有相當的經濟資本。

　　根據學者的研究顯示，家庭社會經濟地位對後代教育獲得起著重要作用，這一點在廣泛的國際比較研究中得到了驗證；家庭社會經濟資源或經濟資本主要指父輩的經濟能力、權力特權和社會網路資源等，與家庭教育背景相比，它們是外在的、易變的，更容易受到社會制度和社會狀況的影響（Donald, & Yip, 1989）。

　　在文化教育上，這種經濟資本的作用最為具體；家庭社會經濟資本的作用機制在於高階層家庭利用占有社會經濟資本的優勢，在升學和擇校的過程中減少競爭激烈度，將部分競爭者排斥在競賽之外，甚至壟斷教育機會。這具體體現在兩個方面：一種「直接」排斥和另外一種「隱性」排斥。

　　關於「直接」排斥主要有兩種機制：特權排斥和經濟排斥。特權排斥是指在教育制度設計中特別為某特定階層——通常是權貴階層——預

留了位置。這經常發生在保守封閉的社會中，例如在中國各省分教育部門都普遍存在著「高校教職工子女可適當降分」不成文的「潛在規則」（葉祝頤，2008），另外，就是特納（Ralph Turner）所描述的英國「贊助性流動」（Sponsored Mobility）模式，即貴族和精英階層的子弟從小就進入專門的學校，然後保送到一流大學，進而確保其日後的精英地位。[5]

英國式的這種「贊助性流動」模式也以另一種形式出現在臺灣的教育中，例如根據臺灣大學統計，在2011年大學指考分發榜單中，建中錄取331人、北一女284人，儘管人數均較去年減少，但兩校仍占高中錄取人數的冠、亞軍。而且若以繁星、個人申請、指考分發各升學管道相加，建中應屆與重考共有503人考上臺大，北一女則有412人，建中和北一女兩校就約占臺大今年新生的四分之一（胡清暉、邱紹雯、蘇孟娟、朱有鈴，2011）。不僅如此，臺灣的臺大醫學系學生雖然來自全臺各地，但出身背景都極為相似，很多是兄弟、父子、父女檔（黃文博、陳易志，2011）。

因此，我們可以說，明星學區的競逐，事實上就是一種經濟排斥，這種經濟排斥是現代社會最常見排斥的方式，因為，富裕家庭送孩子進入設備好、品質好的學校，或是居住在「高尚」學區的人們享有品質好的學校（Cookson, & Persell, 1985:13-30）。另外，在中國大陸教育界還存在這樣一種現象：一所學校有高、低兩個錄取線，僅僅通過低錄取線的學生需要以「捐助」或「擇校費」等形式付出一定經濟代價後才會被錄取，這在本質上是以經濟資本換取教育機會。

對於社會下層而言，當接受教育的直接成本已經構成經濟負擔，就會出現「考得取、上不起」的現象，以中國為例，學者估算，中國人均年收入僅八千元（人民幣，下同）上下，且貧富懸殊，社會結構極不合理，城鄉低收入家庭基數巨大，其中尤以人均年收入至今不足三千元的農村為多。按大學學費水準，城鎮居民的平均年收入不夠一個大學生一年最低費

---

[5] 與此相對的為「競爭性流動」（Contest Mobility），即完全以個人的才華與努力，透過參與公開競爭的方式而提升社會地位，此種社會流動以美國最為典型。詳見Turner（1960）。

用，對農村來說，這最低費用要花去3-4個農民人均年收入的總和，收入遠低於平均數的貧困人口就得更多人不吃不喝才夠一年學習費用。如在中國四川省成都附近一小小縣級市德陽，就有20名收到大學錄取通知書的高考學生因家貧湊不出數千元學費而面臨棄學的痛苦抉擇，更別說農村和邊遠貧困地區了；在中國甚至再三發生無法負擔孩子學費而自殺的父母案例，中國學者大都也承認「上不起學、看不起病、住不起房」，已成為中國最大的公共問題（周慧盈，2006；蕭雪慧，2005；蘇北，2006）。在臺灣，這種情況也好不到哪裡，2012年，臺灣的企業家合勤科技董事長朱順一到交通大學頒發獎學金時，發現僅有二名清寒學生來申請，他表示，過去窮人翻身只能靠教育，但是近年來臺灣明星學校學生卻幾乎用不到清寒獎學金，事實是：「不是大家變有錢，而是窮人小孩根本進不了名校」（張念慈，2012）。

　　除特權排斥和經濟排斥之外，學者也指出，透過使用社會網路等其他社會資源，也可以實現排斥的目的（姜添輝，1998）。

　　至於所謂的「隱性」排斥是指在升學決策時，因為低階層對升學風險承擔能力差或對教育預期收益評估低，一些人會過早地退出升學競爭。學者指出，隱性排斥的發生不是因為沒有能力支付教育的直接成本，而是覺得相對的機會成本太大（Breen, & Goldthorpe, 1997）。它不像直接排斥那樣赤裸裸地設門檻實現排斥，而是在機會均等的名義下，讓低階層家庭基於理性選擇，在自願的表象下隱蔽地實現排斥之目的，故稱之為「隱性」。例如因為在都會地區生活成本過高，家庭無法負荷，以致家長讓孩子選擇離家較近的鄉下學校就讀，在臺灣的原住民和偏鄉農民的子女便是如此。

　　不過還有另一種隱性排斥的形式，像臺北市2010年推行的一綱一本，到了2011年「北北基」聯合學測就顯示出它的效應了，根據報導，由於北北基辦理聯測設限較多，不利外縣市學生搶攻建中、北一女，造成外縣市就讀建中、北一女人數呈倍數銳減。北一女校長張碧娟、建中校長陳偉泓都坦承，聯測確實不利外縣市學生前來（石文南，2011）。也就是以教學內容和獨特的考試將外縣市學生排斥在外。

　　其實臺灣長久以來都發生著這種因居住所在地而產生的明星學區的排

斥外來的現象，例如臺大經濟系駱明慶教授在2002年曾發表一篇「誰是臺大學生？」論文，根據臺大學生註冊資料，發現1982-2000年臺大學生有82%是來自於20個明星高中，其中北一女應屆畢業生有將近一半可以進入臺大；此外，有一半臺大學生是住在大臺北地區，臺北市學生進入臺大機率最高，約為臺東縣的15倍，而大安區更是勇冠全市（駱明慶，2002）。此一研究與統計，基本上除了反映出城鄉之間在升學方面是有明顯的差距外，更重要的是，它讓我們看到了明星學區確實是一非常有效的經濟資本的篩選機制。

　　當然，我們必須知道，在布迪厄，經濟資本是資本的最有效的形式，最具體地展現了資本主義的貪婪、侵略特性；這種資本可以用常見的、匿名的、多變的、可轉換成貨幣的形式，一代傳遞一代。經濟資本可以更輕易、更有效地被轉換成其他資本形式，反之則不一定。

 六　階級再製的完成

　　因此，由上面的論述，我們看到不同階層擁有不同數量的文化、社會、經濟資本。文化、社會、經濟資本愈多的階層就愈有能力轉化成子女教育機會的優勢，進而實現不平等的代際傳遞。在這一模式之下，一個社會的教育不平等水準還將受到社會分化程度的影響。如果階層間資本擁有差異不大，那麼高階層所能倚仗用以「排斥」的資本也就相對減少，排斥將難以實現或者收效甚微。相反，當社會分化劇烈，階層間擁有的資本量差異巨大，這時如果又存有一定制度空間使排斥機制能有效運作，那麼資本轉化模式將成為產生教育不平等的主導邏輯（姜添輝，1998）。

　　於是，在資本主義中的「資本」這個概念，在當代的教育社會學中被視為分析社會文化非常關鍵的議題，這當然也是受到馬克思主義的啟發；在馬克思那裡，資本主義裡的資本乃是資本家剝削勞動者的剩餘價值而來的，因此，資本體現出一種累積形成的勞動剩餘價值，更重要的是，這樣的資本具有生成性，能不斷地擴大生產和再生產，資本本身更具有交換價值，資本之間能進行轉換；從馬克思的資本理論，可以得出幾個概念：剝

削、壓迫、資本的再生產（或再製）以及資本的交換價值等，在此，我們也必須注意到，在馬克思主義裡，資本的生產與再生產同樣是階級複製的前提條件，是資產階級得以繼續剝削勞動階級的憑藉（馬克思，1975；馬克思、恩格思，1964：217，1995：589-597）。

　　然而，事實上，當代社會中各種資本的發展已經更多元化、更全面性了，所以必須對它進行更細膩的解構；因此，布迪厄全面觀照資本的一切形式，提出其獨特的解釋，他認為：資本是一種積累勞動，個人或團體通過占有資本能夠獲得更多的社會資源；他的資本觀點擴大了資本原本的內涵；進一步言，在此，「資本」概念包含了對自己的未來和對他人未來的控制能力，因而，資本實際上是一種權力形式，並以此新形態的資本理論，致力於在理論上調解個人與社會之張力；布迪厄認為，一方面，社會是由資本的不同分配構成的，另一方面，個人又要竭力擴大他們的資本。個人能夠積累的資本，界定了他們的社會發展，也就是說，資本賦予他們生活的可能性或機遇，更主要的是，資本也被用來再製階級區分。在他的疏理下，當代的資本表現為幾種型態，分別是經濟資本、文化資本、社會資本（Bourdieu, 1986）。

　　在布迪厄而言，這幾種資本都有相應的功能，彼此聯繫而且能相互轉換，如社會資本、文化資本可通過轉換成經濟資本來獲取經濟上的利益和回報。各種資本的轉換，其最終目的乃在於階級的維護與再製。

　　我們前面通過布迪厄觀點，檢視學校教育在文化資本輸送的角色；布迪厄認為學校教育有利於原本擁有豐富文化資本的宰制階級。換言之，教育系統傾向再製文化資本的繼承分配，而非根本的改變。透過文化資本的中介，社會的優勢階級再生產社會資本、經濟資本作為社會競爭的憑藉，如此，教育系統乃成為社會階級再製的機制（邱天助，2002：15）。

　　實際上，這樣的結論不只是布迪厄的觀點為然，英國的伯恩斯坦（B. Bernstein）從另一側面告訴我們，教育與階級再製的密切關聯；伯恩斯坦的重點放在語言與教育傳遞，他深入分析語言代碼在教育中的作用。

　　伯恩斯坦認為，社會不平等乃深植於不同階級所屬的家庭語言代碼之中，所謂的「代碼」，其界定是：「代碼是一種默會習得的調控原則，它

選擇並統整相關意義、其實現形式與所引起的脈絡」（Bernstein, 1977），這種從家庭習得的語言代碼的差異，由於明星學校的文化資本積累所產生的加乘效果，在學校教育中得到了進一步強化，這種文化再生產理論突破階級結構孤立傳遞的觀點，認為文化再生產是學校與階級結構的紐帶。於是，伯恩斯坦也把教育看作「是一種等級分配手段，它社會地創造、維持與再生各種專業與非專業的知識技能以及與生產大致相應的各種專業的性情氣質」（Bernstein, 1977）。

這種情況在當代中國大陸亦復如是，例如李路路在中國大陸北中南即北京、無錫、珠海三地進行的3975個樣本調查的分析，他更是悲觀地認為，中國社會內部的主要特徵仍是各階層內部的繼承性，即使經歷了幾十年的市場經濟轉型，也難以改變上層階級透過學校教育的「精英再生產」（李路路，2002）。[6]

以上的研究在在顯示，學校教育在社會階級再製的過程中扮演了關鍵性的角色，可以說，沒有學校教育，當代社會的階級再製是不可能的。從這個角度來看，臺灣社會所瘋狂追逐的「明星學校夢」便是這種階級再製的縮影和維護階級利益的希望之投射。

 七　結語

我們可以總結地說，時下臺灣人圍繞著明星學校這個主題所構築的這個夢，表面上是關注著孩子的「升學率」，實際上它所投射的是一種社會階級再製的期望。

學校教育透過幾個面向來建構社會階級的再製，其一是明星學校作為一種競逐資本的「場域」，一方面，明星學校作為臺灣菁英主義的體現，它本身即匯集了眾多資源，孩子進入明星學校便在社會競爭中占據有利位置，另一方面，孩子也透過明星學校建構其本身的文化資本；其二，學生通過明星學校所快速積累大量有用的社會資本；其三是孩子求學的「環

6　同樣的結論也可參見李煜（2006）。

境」，即明星學校的所在地，也就是一般所說的明星學區，要進入這樣的
學區需要龐大的經濟資本；其四，透過明星學校所形成的各種資本再去投
資之利得，優勢階級更進一步鞏固其社會階級，即「階級再製」的完成。

　　質言之，在明星學校這個議題的背後所潛藏的就是一場社會的階級鬥
爭，在此一邏輯下，無論教育改革中進行什麼樣取才方式的變革都會受到
優勢階級強大的阻力與質疑，比如在一個作家的部落格中寫到明星學校這
樣的魔咒（呂健吉，2007）：

　　　　近日因中研院研究員林妙香提出「不考二次基測就會吃
　　虧」的研究報告後[7]，使得大家原本已開始適應基測聯考化的模
　　式，又掀起一陣教育波瀾：研究者質疑基測量尺不公平、心測
　　中心反擊研究的方法有問題、國中教師批評二次基測是二次聯
　　考、高中學校斤斤計較該校的分發錄取分數的排行、教育部強
　　調基測只是入學門檻、家長們則反應搞不懂教育部的政策到底
　　是什麼？學生也只能期望不要再有那麼多的考試就好。

　　　　面對一份報告卻帶來如此多的爭議，其問題點似乎是基測
　　與聯考的分界點依舊不明顯所帶來的後遺症，但是更為關鍵的
　　地方則是「明星學校」排名的魔咒仍然存在，無法化解所帶來
　　的教育浩劫。

　　　　當初教育部提出以基測取代聯考的方案時，其用意是在
　　於希望只以基測做為高中入學門檻，各個學校只要訂定最低基
　　測申請分數後，學生依個人在校成績或其他的表現來爭取入學
　　機會。但是，沒想到各個高中還是把入學門檻當做登記分發的
　　標準，或是做為學生填選志願的依據時，同樣形成了「明星高
　　中」排名的高低，擺脫不了往日聯招的錄取模式，這就造成今

7　指中研院統計科學研究所研究員林妙香接受國科會委託的《國中基測量尺及等化程
　　式缺失》研究報告，她於2007年5月22日發表該報告，引起大家關注。該報告請參見
　　以下國科會網站http://www3.stat.sinica.edu.tw/library/c_tec_rep/2007-1.pdf。

日所有爭議之來源所在。

在2011年，同樣的問題仍然出現在各個明星學校及家長對「十二年國教」的或明或暗的抗拒上，而教育部在不敵社會龐大的壓力下，又創造出「辦學及課程有特色、學生表現優異」的「特色學校」來取代以往的「明星學校」，在教育部的政策規劃裡，「『特色學校』未來只保留一成到一成五做為申請入學比例，其他的則依舊要考試，申請入學條件也是由學校自訂，以利學校挑選學生」（林曉雲，2011），[8]結果還僅只是在規劃中的十二年國教就在社會集體意識的扭曲下，教育部最後還是妥協地走回90%考試和10%由學校自訂標準「挑選」學生的明星學校老路。

由此可見，布迪厄關於「教育系統乃成為社會階級再製的機制」之斷言不虛，在此意義底下，老師是否也成了階級再製的幫凶了呢？

8　到了2012年4月，原本預計在2014年實施的十二國教，又掀起更強的反對聲浪，先是建中校長公開質疑12年國教，建中、北一女的學生也發起連署抗議。見沈雅雯（2012），到了2013年5月，原先規劃的「免試入學」因大家爭搶明星學校，為了避免抽籤，再變為「會考」，會考成績的比序是頗為複雜困難的「三等級四標示」，導致學生升學壓力愈來愈大（楊維敏，2013）。

參考文獻

一、中文部分

中國評論新聞網（2012）。大學豈能是「權貴培訓班」。2012年5月19日，取自http://www.chinareviewnews.com/ doc/1021/1/4/0/102114028.html?coluid=59&kindid=0&docid=102114028。

王振輝（2012）。教育與文化再製：一個象徵資本的觀點。**靜宜人文社會學報，6**（2），73-106。

包亞明（譯）（1997）。布爾迪厄著。**布爾迪厄訪談錄：文化資本與社會煉金術**。上海：上海人民出版社。

石文南（2011）。**外地生銳減：建、北在地化**。2011年8月10日，取自http://history.n.yam.com/focus/garden/33127/。

全臺學區剖析（2013）。**解析全臺重點學區與明星學校、替子女預約一個燦爛的未來**。2013年5月18日，取自http://event.sinyi.com.tw/school/district_Taipei.php。

朱偉鈺（2006）。超越社會決定論：布迪厄「文化資本」概念再考。**南京社會科學，3**，87-96。

呂健吉（2007）。**明星學校排名是基測聯考化的魔咒**。2007年6月24日，取自http://betablog.udn.com/ luching/1046934。

巫有鎰（1997）。**影響國小學生學業成就的因果機制—以臺北市和臺東縣作比較**。臺東：臺東師範學院國民教育研究所碩士論文。

李煜（2006）。制度變遷與教育不平等的產生機制：中國城市子女的教育獲得(1966 -2003)。**中國社會科學，4**，97 -109。

李路路（2002）。制度轉型與分層結構的變遷：階層相對關係模式的「雙重在生產」。**中國社會科學，6**，105-118。

沈雅雯（2012）。**建中北一連署反12年國教教部宣導溝通**。2012年4月16

日，取自http://tw.news.yahoo.com/% E5%BB%BA%E4%B8%AD%E5%8C %97.html。

周新富（2005）。家庭社會資本組成構面及其與學習結果之關係。**臺灣教育社會學研究，3**（2），85-112。

周慧盈（2006）。**夏季裡的冰點、中國貧困學生父母自殺頻繁**。2006年7月23日，取自http://www.epochtimes. com/b5 /6/7/23/n1396065.htm。

林枝旺（2005）。**以Coleman社會資本理論探討高職學生家庭社經地位與學業成就之關係**。2005年12月15日，取自http://www.nhu.edu.tw/~society/e-j/51/51-19.htm。

林彥廷（2009）。**李家同式教育&菁英主義**（上）。2009年2月19日，取自http://140.117.11.91/eduReport/checkDir /guest20090219140823.htm。

林曉雲（2011）。**玩假的？12年國教明星高中仍要考**。2011年5月21日，取自http://www.libertytimes.com.tw/ 2011/new/may/21/today-t2.htm。

邱天助（2002）。**布爾迪厄文化再製理論**。臺北：桂冠。

姜添輝（1998）。教育均等問題與社會控制的關聯性，載於中華民國比較教育學會（主編），**社會變遷中的教育機會均等**（頁181-218）。臺北：揚智。

胡清暉、邱紹雯，蘇孟娟、朱有鈴（2011）。**臺大新生建中＋北一女占25%**。2011年8月9日，取自http://history.n.yam.com/tlt/garden/201108/20110809933372.html。

徐明珠（2001）。**明星學校迷思，教改猶待超越**。2001年7月9日，取自http://old.npf.org.tw/ PUBLICATION/EC/090/EC-P-090-018.htm。

馬克思（1975）。**資本論**（第1卷）。北京：人民出版社。

馬克思、恩格思（1964）。**馬克思恩格斯全集**（第16卷）。北京：人民出版社。

馬克思、恩格斯（1995）。**馬克思恩格斯選集**（第2卷）。北京：人民出版社。

高宣揚（2002）。**布爾迪厄**。臺北：生智。

張念慈（2012）。**合勤董座：窮人小孩進不了名校**。2012年6月8日，取自

http://city.udn.com/51640/4833327。

陳心冕、黃政嘉（2011）。**教育資源分配不均，學生擠名校**。2011年8月10日，取自http://anntw.com/awakening/ news_center/show.php?itemid=24206。

陳怡靖、鄭燿男（2000）。臺灣地區教育階層化之變遷—檢證社會資本論、文化資本論及財物資本論在臺灣的適用性。**國家科學委員會研究彙刊：人文及社會科學，10**（3），416-434。

馮昭（2011）。**孟母難為明星學區房價高漲**。2011年8月1日，取自http://my-paper.pchome.com.tw/richness_coco/ post/1322346692。

黃文博、陳易志（2011）。**代代相傳有志醫同父兄懸壺家人接棒**。2011年8月8日，取自http://gaofong.com/ modules/planet/view.article.php/47273。

黃武雄（2003）。教改怎麼辦？（上）教改架構與菁英思維。**教育研究月刊，106**，53-56。

葉祝頤（2008）。**破解高校子弟降分特權當痛下決心**。2008年4月16日，取自http://www.pdsdaily.com.cn/big5/ misc/2008-04/16/content_790991.htm。

楊維敏(2013)，**政治失靈，民在途──12年國教 楊偉寧死當**。中時電子報，5月28日。:http://tw.news.yahoo.com/政治失靈─民在途─12年國教─蔣偉寧死當-213000956.html。

熊掌印（2005）。〔討論〕〈明星學校存在的價值。2005年7月30日，取自http://www.student.tw/db/archive/ index.php?t-50975.html。

蔡宗勳（2011）。**迷信明星學校非教育之福**。201年5月18日，取自http://www.libertytimes.com.tw/2011/new/may/ 18/today-center3-2.htm。

肖雪慧（2005）。**教育產業化與貧窮世襲化**。2005年10月9日，取自http://ke-fangkeyuan.blog.hexun.com.tw/ 1133919_d.html。

親子天下部落客共和國（2013）。**明星學校，保證明星未來？**。2013年5月18日，取自http://www.parenting. com.tw/blog/blogTopic.action?id=83&nid=497。

駱明慶（2002）。誰是臺大學生？──性別、省籍與城鄉差異。**經濟論文叢刊，30**（1），113-147。

羅生全、靳玉樂（2007）。課程作為文化資本的話語構建機制探討。**教育研究與實驗**，**1**，1-4。

羅伯特亞當斯（2011）。「明星學校」的集體意識，我們的歷史共業。2011年5月24日，取自http://blog.udn.com/ chinghunglin/5245997。

蘇北（2006）。民生的詰問。半月談，**15**。

二、外文部分

Beasley-Murray, J. (2000). Value and capital in Bourdieu and Marx, in Nicholas Brown and Imre Szeman (eds), *Pierre Bourdieu: Fieldwork in Culture* (pp.100-119). New York: Lowman and Littlefield.

Bernstein, B. (1977). Class, codes and control. 2nd.ed. Volume3. *Towards a theory of. educational transmissions*. London: Routledgeand Kegan Paul.

Bourdieu, P. (1984). Distinction: A social critique of the judgement of taste. London, Routledge and Kegan Paul.

Bourdieu, P. (1986). The forms of capital. in J. G. Richardson(ed.), *Handbook of theory and research for the sociology of education* (pp. 241-258). New York: Greenwood Press.

Bourdieu, P. (1990). *The logic of practice*. Stanford: Stanford University Press.

Bourdieu, P., &. Passerson, J. C.(1977). *Reproduction in education, society and culture*. London: Sage.

Bourdieu, P., & Wacquant, L. J. D. (1992). *Invitation to reflexive sociology*. Cambridge: Polity Press.

Breen, R., & Goldthorpe, J. H. (1997). Explaining educational differentials: Towards a formal rational action theory. *Rationality and Society, 9*(3), 275-305.

Cookson, P., & Persell, C. (1985). *Preparing for power: America's elite boarding schools*. New York: Basic Books.

Coleman, J. S. (1988a). Social capital in the creation of human capital. *American Journal of Sociology, 94*, 95-120.

Coleman, J. S. (1988b). *Equality of educational opportunity* (reprint edition). New ampshire: Ayer Company.

Coleman, J. S. (1990). *Foundations of social theory*. Cambridge, MA: Harvard University Press.

Coleman, J. S. (1997). Family, school, and social capital. In L. J. Saha Ed., *International encyclopedia of the sociology of education* (pp. 623-625). Oxford: Elsevier Science Ltd.

Cookson, P. W., & Persell, C. H. (1985). *Preparing for power: America's elite boarding schools*. New York: Basic Books.

Donald J . T., & Yip, K.(1989). Educational and Occupational Attainment in 21Countries. In Melvin L. Kohn (ed.), *Cross National Research in Sociology* (pp. 373-394). Beverly Hills, Calif：Sage.

Lee, S., & Brinton, M. C. (1996). Elite education and social capital: The case of South Korea. *Sociology of Education, 69*(3), 177-192.

Loury, G. C. (1977). A dynamic theory of racial income differences. in Phyllis A. Wallace and Anette M. LaMond eds., *Women, minorities, and employment discrimination* (pp.153-186). Lexington, Mass: Heath.

Turner. R. H. (1960). Sponsored and contest mobility and the school system. *American Sociological Review, 25*(6), 855-867.

語言的背後：知識與權力的教育省思

前言

　　在幾年前，教育部的主秘莊國榮批評當時的總統候選人馬英九的父親馬鶴凌，莊國榮以粗鄙的「幹查某」字眼批評馬鶴凌，說馬英九的爸爸每天滿口仁義道德，每天在「幹查某」，乾女兒變成「×女兒」（李欣芳、蔡淑媛、謝文華，2008）。這個粗話事件當時在臺灣政治鬧得沸沸揚揚好一陣子，也因為說話者本身是教育最高主管機關——教育部的主管，並且身為大學教授，當時引起教育界極大的關注。而莊國榮事件隨著總統大選的落幕似乎也為世人所遺忘了，然而，身為教育者，我們認為這種語言暴力隱藏在教育體制裡，實在值得我們認真反省。

　　莊國榮事件讓我想到一篇受到學生粗話傷害的老師寫的文章，他是這麼寫的（沈麗新，2009）：

　　　課堂上安排全班學生齊讀課文的時候，H沒有讀。他的眼神依然四處游離。……

　　　請他站起來朗讀，他不知道讀哪。告訴了他，結果還是讀錯，免不了批評他不專心。他落座的剎那，清清楚楚，看到他惡狠狠地咒罵。很輕，聽不到聲音。追問他在說什麼，他響亮地復述，是一句方言，一句粗話。

　　　……

　　　鎮靜，冷靜，提醒自己。

　　　淡淡的，對著全班學生，我說：「老師不以為H那句粗話是在罵老師，那是他生活中的壞習慣，我認為說粗話是非常不文明、非常無禮的行為，H必須為他的這個行為道歉，不然我不會原諒他的。」是否可笑呢？把他那句粗話理解成是「發牢騷」而不是「辱罵老師」？可是這樣想，會不會讓我更冷靜一點？會不會更好地維持我在學生面前的尊嚴？會不會讓H在火氣過後容易並敢於認錯呢？

　　　想起《今天怎樣「管」學生》中那段話了：「如果發生了

學生辱罵教師的事情，教師一定要認識到，在大多數情況下，學生的無禮行為並不是針對你的，他們的突然爆發，是由他們的生活中很多不可控制的因素引發的。作為教師，最重要的就是保持冷靜，保持耐心。」

……

或許，有些孩子成長在一個靠吼叫、辱罵表達內心憤怒的環境裡，他們把這樣的行為方式帶到了學校裡。如果是學生單純的情緒失控，那顯然不是針對教師的攻擊。作為一名負責任的老師，首先應該對此進行區分，並作出不同的反應。

他人對教師職業的尊重，有時候，真的也必須由教師自己以專業尊嚴來捍衛。

在社會生活中，我們經常會碰到某些人特別喜歡用粗話，動不動三字經就掛在嘴邊。粗話也算是一種語言暴力，凡是暴力就會被譴責，因為暴力常被視為與文明敵對，然而，事實是，無論人類的社會演進到多麼文明的地步，它的基礎還是得靠暴力來維持，只是愈是進步的社會，愈懂將暴力美化或隱藏罷了。因此，文明的社會不歡迎那些赤裸裸的暴力形式，因為置身於暴力之中，讓人強烈地感到不安。這個時代更愈來愈重視精神上的傷害，因而對語言暴力亦提高了警覺。

底下我們就從語言這個課題作為引子，引導我們深入探討知識教育中的權力議題。

 ## 二　語言作為社會制度

所謂粗話主要是罵人的用語，為發洩和咒罵別人而衍生出來的日常用語。然而罵人的話那麼多，為甚麼有些被認為較粗鄙？每個地方都有自己的粗話，而且其中涵義幾乎都跟性與暴力扯上關係，性與暴力依然是禁忌，而且殺傷力大，因此在罵人的話語中加插，便可增加攻擊性和侮辱性，達到罵人者痛快宣洩憤怒，及被罵者被撩起的情緒的效果。

　　實際上一個小孩用說粗話，大多源於他的家庭背景，有的父母平時不太檢點自己的言行，孩子受其影響，也學會了說粗話。說粗話是一種不文明的行為，是缺乏教育的表現，它直接影響到人與人之間的交往。

　　由「粗話」的代際傳遞來看，不僅顯示出教育在改造中的重要性，更深刻的是，粗話這種「語言暴力」所隱藏的文化密碼值得人們再三省思，特別是從事教育的人，應致力於探索並解開這樣的密碼。

　　那麼，語言作為文化密碼到底有何特性？我們先看看語言學家的意見。

　　美國語言學家惠特尼（William Dwight Whitney, 1827-1894）認為，語言事實上就是一種社會制度，跟其他一切社會制度沒有兩樣，他認為：「語言……是說出來的、聽得見的符號；主要是通過這種符號人類思想才得以表達；手勢和文字是次要的輔助性的手段」，「我們把語言看成一種制度，正是許多類似的制度構成了一個社團文化」（Whitney, 1875）。這裡的「制度」指的正是瑞士語言學家索緒爾（Ferdinand de Saussure, 1857-1913）在其《普通語言學教程》（*Cours de Linguistique Generale*）中所說的「語言」（亦即整體語言；language），它和「言說」（亦即個體語言；speaking）不同；索緒爾認為，語言作為表達觀念的符號體系（a system of signs that express ideas），乃是一種社會制度，而不單單是說話者的一種功能（高名凱譯，1980：37）。

　　底下，我們嘗試從各種層面來解析「語言作為一種社會制度」這個命題。

　　首先，從個體來說，語言附著在人體上並表現為一種人力資本，我們看到有些人口齒清晰，可以從事傳播事業，有些人能言善道，可以當傳道者或教師，在此，語言成了個人謀生之道；其次，如果從國家或地區層面來看，語言的選取或確定變成了一種政府政策，它因而具有了公共事務的性質，它涉及語言的傳播、教育與發展的合法性，在此，語言成為大家所共同使用、學習、遵循、推展的一套規則；再次，如果從整個社會來看，人們以共通的語言進行溝通，在溝通過程中，語言規範著人們的言說行為，從而形成特定的文化、風俗習慣，這更特別彰顯了語言作為一種制度

的屬性。

因此，語言不只是說話者的一種功能而已，語言就是一種社會制度；學者更進一步認為，語言不只是一種社會制度而已，它更是一種「特殊的」社會制度，「語言作為一種特殊的社會制度，是除其自身之外所有人類制度的承載物，換句話說，語言是一種『元制度』（Metainstitution）。有了語言這種元制度，人類社會中其他的習俗、慣例、規範和制度等才成為可能」（張衛國，2010）。我們的社會行為、人與人的溝通形成於日常語言的交往中，沒有語言，所有社會行為與溝通是不可能的，不僅如此，作為元制度，語言更牽涉到各種制度的運作、效率以及各種社會分工（熊德斌，2005），也就是說，作為元制度，語言是人類世界存在的基礎。

事實正如哈伯馬斯所指出的，語言所表達的意識決定了實際生活的物質存在，依哈伯馬斯的論證，社會的客觀聯繫並不產生於主體性意義上的和符號流傳意義上的領域中，社會語言的基礎結構，乃是通過二種現實強制才得以形成聯繫的因素，即一方面通過外界自然的強制──這種強制變成了使用技術的方法，和另一方面通過內在的自然強制──這種強制反映在社會暴力鎮壓的關係。這兩個強制範疇不僅是解釋的對象，而且，在語言的背後，它們也制約著語法規則本身，而我們就是按照語法規則來解釋世界的。社會的客觀聯繫產生於語言，也產生於勞動和統治，而我們也知道社會行為只有從客觀聯繫中才能得到理解（郭官義譯，1986）。

英國教育社會學家伯恩斯坦（B. Bernstein）便從語言哲學面向看到在教育體系中語言更深一層的內涵；伯恩斯坦將關注點放在了語言與教育傳遞方面。伯恩斯坦所寫的《階級、代碼和控制第三卷：論教育傳遞理論》（*Class, Codes and Control, Vol 3: Towards a Theory of Educational Transmission*）一書是語言代碼理論的一部重要著作。

在該書中，伯恩斯坦把宏觀分析與微觀分析結合起來，進一步解剖了社會生活的結構和互動。他指出，社會不平等源自於具有階級差別的家庭語言代碼，所謂的「代碼」，在另一本書中，他將之界定為：「代碼是一種默會習得的調控原則，它選擇並統整相關意義、其實現形式與所引起的脈絡」（Bernstein, 1982），這種從家庭習得的語言代碼的差異在學校教

育中得到了進一步強化，他的文化再生產理論突破階級結構孤立傳遞的觀點，認為文化再生產是學校與階級結構的紐帶。伯恩斯坦把教育看作「是一種等級分配手段，它社會地創造、維持與再生各種專業與非專業的知識技能以及與生產大致相應的各種專業的性情氣質」（Bernstein, 1977a）。

此外，伯恩斯坦在該書裡，依據「分類」和「構架」兩個核心概念從更微觀的層面剖析教育知識結構及潛在的權力關係，揭示不同編碼類型反應了不同的權力分配原則。

所謂「分類」，並不是指傳統意義上的具體內容分類，而是指內容之間的關係。它實際是一種原則，它所調控的是內容或範疇之間的關係。分類有強弱之分，如果內容之間界限分明，則說明它們之間為強分類；如果它們之間的界限比較模糊，則顯示它們之間是屬於弱分類。而所謂「構架」，伯恩斯坦用它來指涉知識的傳遞者或習得：在所要傳遞或習得的知識（伯恩斯坦認為這種攜帶了社會主導群體的意識型態話語）的選擇、順序和標準方面的控制權。它實際也是一種規則，所調控的是個特殊範疇或內容之內的關係。在教育中，它可以特指教學實踐溝通的規則，即師生的教育關係，強的架構造成師生之間較強的限制，而弱的架構則較為自由（引自劉麗玲，2003：141）。例如我國的九年一貫的課程改革就逐漸地由強的分類和強的架構往弱的分類和弱的架構發展，希望藉此擺脫文化再製的陰影（陳國彥，2001：26）。

伯恩斯坦的「分類」和「構架」教育分析實際上是對顯式（visible）教育學與隱式（invisible）教育學的探討（康永久，2007：5）；伯恩斯坦的論證進一步明確指出了對應於新、舊中產階級的兩種不同的教學。按照他的分類與架構的概念框架，不可見的教學是借助弱的分類（對學科知識之間邊界的弱控制）和弱的架構（對教師與學生之間、傳遞內容與非傳遞內容之間，以及教學及其情境之間邊界的弱控制）來實現的，可見的教學則通過強的分類和強的架構來實現。它們之間的基本區分，在標準的傳遞方式和專門化的程度上。標準愈彌漫，其傳遞方式愈含蓄，這種教學就愈是不可見的；標準愈明確，其傳遞方式愈清晰，這種教學譽為可見。更為具體地講，可見的教學與不可見的教學之間對立，體現的是工作與遊戲邊

界分明還是相互滲透、強調個人化（individualized）還是人格化（personalized）、支持文化再生產還是人才制度、關注成績（performance）還是能力（competence）之間的對立。相應地，在學校教育生活中所盛行的可見的與不可見的教學，與不同背景家庭中父母對孩子的教養方式之間，也存在著某種對應關係。簡單地說，可見的教學與舊中產階級（在經濟生產中擁有話語權的中產階級）的父母對孩子的教養方式基本一致，而不可見的教學則與新中產階級（在文化生產中擁有話語權的中產階級）父母教養孩子的方式基本一致（Bernstein, 1977b）。溝通的歷程透過語言讓不可見的部分變得可見的，而顯露出它自己的問題徵兆（Bernstein, 1977a: 83）。

伯恩斯坦進一步認為，語用形式（language use）發揮了維持涂爾幹所講的「社會連帶」的功能，他認為語用形式與社會結構具有相互關係，彼此辯證地建構，伯恩斯坦指出：

> 在方法上，有些情形看來內在是相互循環的。當檢視語用的時候，並推論其社會及心理行為，事實上是後者（社會及心理行為）最先決定前者的。因為一個語言的語意功能即是一種社會結構作用，是故，當要檢視社會結構時，應該從特定的制度（institution），語言的制度入手（引自Atkinson, 1985: 51）。

言語使用方式就代表著一種特定社會關係，言語使用必須遵循一種合法的社會關係所產生的語用規則來組合溝通時的語句。職是之故，語用形式本身是社會自我、角色及認同的建構。

伯恩斯坦將語言形式區分為「共有語用形式和正式語用形式」或「限制型代碼」（restricted code）和「精緻型代碼」（elaboratd code）兩種語用形式（陳國彥，2001），它們表徵著兩種不同的社會結構，各自維持兩種不同的社會連帶。所謂的「限制型的言語或代碼」源起於一個非常地方化、脈絡依賴的社會情境，說話者完全共有相同的基本的預設，因此在這種言語型態裡，每次的談話都是強化既有的社會秩序。「限制型的言語或代碼」形成於機械連帶的社會結構，且增強了這種連帶關係，依涂爾幹，

機械連帶的社會結構其主要特徵有著高度的一致性及共識、共享的情感及價值。因而，此一語用形式所發揮的機械連帶作用，就像涂爾幹在《宗教基本生活形態》一書所描述的，宗教在原初社會所發揮的作用一樣強化社會成員之間高度的相似性。

相對地，「精緻型代碼」則是出現於現代化社會那種溝通頻頻的社會情境中，在這樣的社會情境裡，說話者可以同時接納他人彼此不同的基本預設，而且能夠將個人能夠將自己特有的知覺表達出來。「精緻型代碼」主要來自於強調一個重視個人的差異性、個別化及獨特性的社會情境。按照涂爾幹，這種社會情境主要源於社會分工的高度分工，使得社會成員的差異性獲得較大的發展空間，因此社會結構不再是以共識性價值及情感為連帶基礎，取而代之是以成員的差異獲得尊重、彼此互補的有機連帶為主。

簡單地說，限制型代碼表現脈絡依賴語意、俗眾語言的語法與地位型社會關係，這種代碼呈現一種類似涂爾幹的機械連帶的特徵，而精緻型代碼則以脈絡獨立語意、正式語言的語法以及個人型社會關係為主，帶有涂爾幹所說的有機連帶的特徵。

伯恩斯坦以工人階級為例，工人階級背景的兒童在學校的學習成效是可以用語言學來解釋的；據此，伯恩斯坦分析了「語言、社會化與階級」三者之間的關係，他指出，來自不同階級家庭背景的孩子在早期生活中會發展出不同的代碼（codes），即不同的說話方式。這種代碼可能直接影響到他們此後的學校經驗。伯恩斯坦著重考察了貧困兒童和富裕兒童在使用語言方式上存在的系統性差異。一般說來，學校文化的功能是人的社會化，但是這種社會化是兒童在學校獲得一種特殊的文化身分的過程，同時也是對這種身分的反映（錢民輝，2001）。由於學校文化符應於階級結構，所以，伯恩斯坦認為：

　　　　對社會化過程產生最正式影響的就是社會階級。階級結構影響工作場所和教育的功能；在家庭間建立起一種特殊的相互關係，並且深深地滲透到家庭生活經驗的結構之中。階級制度

給知識的社會分布打上了深深的烙印。階級制度使人們對世界
的統一性有著不同的認識。階級制度使社會各階層彼此封鎖；
並根據一種令人厭惡的價值標準對各階層按等級排列（引自張人
傑，1989：405）。

接著，伯恩斯坦對各階層所使用的語言習慣、言語活動，特別是出身
背景對言語活動的制約等方面進行了深入的研究。

不同階級家庭使用的語言代碼是不同的，一般來講，工人階級的家庭
多使用限制型代碼進行溝通，而中產階級家庭多使用精密型代碼溝通。限
制型代碼是一種與說話者自身文化背景有著密切聯繫的言語類型，工人階
級子弟大多生活在親密的家庭和鄰里文化中。在這種文化氛圍中，價值觀
和規範被認為是一種理所當然、無需通過語言表述的東西。因此，限制型
代碼更適合實際經驗的溝通，而不適宜抽象概念、過程及關係的探討；相
對的，精緻型代碼是指一種「使詞語的意義個體化，以適應專門情境要求
的說話風格」。這一說話風格使得來自中產階級家庭的兒童們能夠更加容
易地概括和表達抽象的觀念（Bernstein, 1977a）。伯恩斯坦指出：

限制型代碼的基礎在簡縮的符號中，而精緻型代碼的基礎
在明確表達的符號中；限制型代碼採用隱喻方法，而精緻型代
碼則採用理性方法；這些代碼在至關重要的社會化背景中硬性
規定了語言的上下文用法，並且用這種方法調節著社會化對象
接受關聯性與聯繫的類型（引自張人傑，1989：407）。

言語上的差異標示著不同的溝通形式，無論如何，他們並非意外，
而是偶發於社會結構形式上。依照伯恩斯坦，這些差異標示著語言符號使
用上的差異。限制型符碼無法以精緻的語詞表達意義，這種符碼使說話者
對特定形式的社會關係有相當程度的敏銳感知力；這種社會關係毫不猶豫
地、非常權威地、清楚明白地作為行動的指引。限制型符碼是一種犧牲其
成員運用言語表達個別特有的差異性，協助維持團體連帶的符碼。

　　如此一來，不同的語言使用形式不再只是個人的語用習慣而己，同時更是表徵著個人經社會化習得的社會關係型態及所認同的社會秩序。正如伯恩斯坦所說的：

　　　　不同的語言系統或符碼為它的說話者創造出不同的相關性及關係之秩序。因而，說話者的經驗可以為不同語言系統所強調之相關性轉化。當一個孩子學習他的語言時，或者在此，我應該改用，學習調節其語言行動的特定符碼時，他也學到其所在社會結構對他的要求。兒童的經驗乃是由學習所改造，而學習又是由其自身、明顯自主的語言行動所引發的。在這一方面，主要透過語言歷程所彰顯的結果，社會結構成為兒童經驗的底層部分。從這個觀點來看，每一時刻兒童在說話或是在聆聽，社會結構會在其自身內被增強，而且他的社會認同為會被加以塑造（Bernstein, 1970a）。

　　如此，人們透過語言的習得與使用塑造了他的社會生活形態，這是他所屬的社會結構對他所產生的制約與影響，簡之言，社會結構藉由語言內化在人們心中。不同的社會結構將產生不同的言語系統。這些言語系統或符碼提供個人特定選擇原則，以調節個人在語言的文法、句法等方面的選取，而且這種選取是自覺地、無意識地進行著。

 三　教育代碼

　　事實如同伯恩斯坦上述的分析，說話是每個人每天、時時刻刻都在進行的活動，從襁褓牙牙學語開始，每個人都努力在學習，學習文化、習慣、風俗、禮儀、制度……，我們在不知不覺中社會化了，所以，每當我們在說話或是在聆聽，社會結構會在其自身內被增強，而且我們的社會認同也在同時被加以塑造。

　　以伯恩斯坦的語言哲學來分析學校教育，就會瞭解學業成就原來不單

單是學習者的問題而已，它還涉及到更複雜的社會文化、我們使用的語言類型、教科書內容的編訂等等因素；例如：在詮釋工人階級孩子學業失敗的原因時，伯恩斯坦認為學校的文化環境更相似於中產階級家庭的文化環境，這是「因為學校是以精緻型代碼及其社會關係體系為基礎的。儘管精緻型代碼並不具有特殊的價值體系，然而中產階級的價值體系滲透於學習情境本身的結構之中」（張人傑，1989：418）。

因此，根據伯恩斯坦，當代由國家機器所掌控的教育體系，多數都採用了統編的教科書來教育下一代，這無疑是在複製某一特定階級的價值體系，他說（史靜寰、熊志勇譯，1992：490）：

> 教科書反過來有潛移默化地傳播了集體代碼的思想方式，因為他概括了強階層化和強分類。教科書要求之事要依據明確規定的進程來安排，那是一種製造出競爭關係的無聲手段。這樣，接受教科書的社會化，是邁向接受有關集體代碼社會化的重要階段。集體代碼愈明確，也就是說階層化與分類愈強，就越強調早期的閱讀和寫作。中產階級兒童未這一強調作了準備，而勞動階級的兒童則不然。

伯恩斯坦的教育代碼理論提醒我們，教育知識結構的變革會引起權力關係的變化，實踐中需協調因教育知識結構改革而改變的權力分配，並積極建設與其知識變革相適應的權力關係。這種解釋給我們提供了一種很好的理解學生學業成敗的分析框架。

伯恩斯坦的教育代碼理論的特色在於將涂爾幹思想中的社會分工原則、有機和機械連帶與社會控制等觀點加以納入，同時摒棄當代教育社會學將他歸類在結構功能論裡，及鉅觀和微觀二分的習慣作法。伯恩斯坦在書中既分析教室、學校的組織結構、傳遞原則、教育知識的類型，同時又論證教育傳遞模式與社會分工和社會控制之關係。另外，我們更能見識到，伯恩斯坦是如何將涂爾幹思想溶入馬克思的階級理論裡，發展出不同以往的涂爾幹式衝突論觀點，建構所謂的中產階級教育實踐理論，彰顯中

產階級內部變化與現代教育制度變遷的關聯（Bernstein, 1977a）。

再者，依伯恩斯坦，使用限制型代碼者主要關注事物的特殊性意義，其言語活動具有高度的情境依附/鑲嵌的特性，語意含糊，語言簡縮，多採用隱喻、拘泥於個人身分的團體化的表述方式。而使用精緻型型代碼者多關注事物的普遍性意義，其言語活動具有高度的情境獨立性/超越性，語意明確，表達精密，多採用理性、個體化的表述方式。我們雖不能在這兩種語言代碼之間明確地區分高低，但當代學校教育的語言代碼卻是精緻型代碼，因而可能對工人階級的兒童產生潛在的危害性（張人傑，1989：399-420）。正因為如此，在他看來，要改變學校生活中不利階級子女的處境，就不是提供愈來愈多的教育（補償教育），而應改變學校教育生活本身的編碼方式（Bernstein, 1970b）。

很顯然，伯恩斯坦已經清晰地認識到任何教育教學都有其豐厚的社會基礎。一種教育學能否真正使學習者的教育潛力免遭浪費之禍，不是取決於這種教育學本身，而是取決於它與其所置身的情境脈絡的相適性。在某種意義上，他這是在暗示：任何一種學校教育實踐，都是在學校教育學與情境自身的教育學之間所展開的一場對話（康永久，2007：5）。

伯恩斯坦把宏觀分析與微觀分析結合起來解剖了社會生活的結構和互動。他認為，社會不平等始於具有階級差別的家庭語言代碼，這種差異在學校中得到了進一步強化。他的文化再製理論突破階級結構孤立傳遞的觀點，認為文化再製是學校與階級結構的紐帶。伯恩斯坦論述學校體系進行的社會控制涉及三個緊密關聯的層級：依序為社會價值觀產生的知識型態、政策制定者與專家學者從知識以再脈絡化過程而發展出的課程內容、以及藉由教師在學校場域實踐而再製的社會階級結構（引自姜添輝，2003）。

接著，伯恩斯坦以教育機制（pedagogic device）理論分析這三個層面社會關係的構造。教育論述的生產層面基本上是知識與社會結構關係的一種鉅觀分析，社會上不同團體因權力不同而有不同的知識形式，分配到不同的意識形式。伯恩斯坦認為，這個層面主要受到分配原則（distributive rules）主導。第二個層面是傳遞層面，這個層面主要作用是將教育論述的

生產層面之各種知識加以選擇、調整、轉化與組合，以供第三個層面習得之用。因此，這個層面是由一種再脈絡化原則（recontextualising rules）主控，這個層面的社會結構形態將會左右再脈絡化原則的特徵與運作。第三個層面是習得層面，它是將再脈絡化原則下所組合成的論述，放在一個特定的時間和空間面向組織裡，安排一個特定教育情境，進行教育實踐。這個層面主要在於說明習得的教育實踐之社會結構形態，因此教育實踐的空間和時間特質顯現出教育符碼的特質。第三個層面受到評鑑規則（evaluative rules）左右。要言之，教育機制以分配、再脈絡化和評鑑規則概括這三個層面的社會結構形態，進而影響知識本身的生產、再脈絡化與習得。

也就是說，伯恩斯坦把教育看做「是一種等級分配手段，它社會地創造、維持與再生各種專業與非專業的知識技能以及與生產大致相應的各種專業的性情氣質」（Bernstein, 1977a）。所以從這個角度來看，學校教育就不單單是在傳承文化、傳授知識，當它在進行文化傳承、知識傳授的同時，它也在塑造某種社會結構與社會形態。簡單地說，學校教育就是一種文化再製的工具。

1982年，伯恩斯坦繼續發表了《代碼、方式和文化再生產：一個模式》（*Codes, Modalities and the Process of Cultural Reproduction: A Model*），這是他在語言代碼研究基礎上更高層次的抽象。正是在此書中，他把代碼界定為選擇與整合在一定語境中的相關意義及它們的實現形式的一套調節原則，而勞動的社會分工產生並分化為精緻型代碼和侷限型代碼，正規教育是根據精緻型代碼確認的意向而制度化的，反過來它又傳授並使精緻型代碼合法化，文化再製、社會分工的再製，社會階級和不平等實際上是透過代碼的傳遞、分配、再製來實現的（Bernstein, 1982）。

就現實運作來說，一個人從小辛辛苦苦地努力求學，從小學、國中、高中到大學，有人些甚至還進一步唸到研究所，每個人幾乎都把他人生最為黃金的歲月花在課業上，到了最後，學校教育透過授予文憑而賦予人一個「身分」，使其獲得了社會地位和社會流動的基礎，這既是人們對未來生活充滿期待，但在此同時也等於用一個身分束縛了自己，從而服從社會規則和規範的約束；如此這般，透過教育體制，教育身分就成了控制社會

秩序的「安全閥」，社會秩序的穩定代表的是統治者權力的鞏固，而這正是統治者的目的，統治者正是看到了教育所包含的這種作用，才對教育予以特別重視並利用考試來強化其社會分層的功用。

 ## 四　理性建構人類的虛假

統治者在教育制度上透過權力的運作傳遞其知識，不斷地進行社會再製。

法國的哲學家、社會學家傅柯（Michel Foucault）在這方面有相當犀利的觀點，他指出：知識總是為權力所控制並為權力服務，權力和知識是一體的兩面，兩者的關係是：「權力在運作時不可能沒有用到知識，而知識也不可能不產生權力」（Foucault, 1980: 52）。從人類難以掙脫被權力宰制的觀點，啟蒙理性所宣揚之「人」的概念，對傅柯而言根本就是自欺欺人的誇大之詞。畢竟知識和權力並未消除人類企圖改變其生活世界而追求和提升自我生存技能的意念；相反的，將人去中心化之後，我們更容易從歷史足跡中、人類所聲稱理性建構出來的客體世界和社會行動的故紙堆中看到人類的虛假（Foucault, 1988）。

用這樣的觀點來看臺灣的教育應是若符若節；在臺灣過去的大學、高中聯考內容中，「三民主義」、「中國文化基本教材」、「國文科」、「歷史科」、「地理科」等都蘊涵著臺灣社會的主流政治意識型態。在教科書中、在考題裡，在在承載並標舉主流社會意志所期盼的意識型態。每個學生在求學過程中，不斷反覆背誦、預習、復習，在大大小小的考試中，拼命記憶並書寫標準答案；透過這樣的教育系統，學生知道並掌握了這種知識，在無數次來回強化之後，學生逐步內化了主流政治的意識型態，最後形成了潛意識的、被當作理所當然的習慣思維。就這樣，學生經歷並完成著政治社會化的儀式與過程，社會主流政治也完成了其正當化的意識型態「灌注」過程，從而達到了社會控制的目的。難怪伯恩斯坦會說「對大多數人而言，知識的社會化也就是秩序的社會化」（謝維和、朱旭東譯，2002：73）。

傅柯也指出：

> 　　在十八世紀，開始用「等級」來規定人在教育制度中的
> 地位分配形式：即學生在課堂、走廊、校園的座次或位置；每
> 個學生完成每項任務和考試後的名次；學生每周、每月、每年
> 獲得的名次；年齡組的序列；依據難度排成的科目序列。在這
> 套強制性序列中，每個學生依照其年齡、成績和表現有時處於
> 某一等級，有時處於另一等級……這種系列空間的組織，是基
> 礎教育的重要技術變動之一……它通過逐個定位使得有可能實
> 現對每個人監督並能使全體人員同時工作。它組織了一種新的
> 學徒時間體制。它使教育空間既像一個學習機器，又是一個監
> 督、篩選和獎勵機器（劉北成、楊遠嬰譯，1992：146-147）。

　　傅柯在此揭示出，學校教育將人置於書寫和檔案的網絡中，詳細地
進行記載、書寫、登錄和描述（一系列有關個人的檔案、資料、文牘和個
案），把個人對象化、定性、分類和標準化，使其成為可見物，易於被觀
察、被認識、被權力介入、被征服。於是在看起來很客觀、很溫和的標準
化的做法掩蓋下的實質是權力的支配和控制。這也充份體現了傅柯的名
言：「權力的運作也唯有透過真理的製造才得以遂行（we can not exercise
power except through the production of truth）」（Foucault, 1980: 93）。
　　傅柯指出，理解知識與權力的關係不是分析誰與權力系統有關，或
找出誰可以逃脫權力這種天羅地網般地的糾纏，而是透過這樣的分析，讓
大家都能瞭解到，人類所知道的各種知識，基本上都受到歷史不斷轉化
的多重影響，所以如果要尋找真理，則必須還原到權力的本質，並且擺
脫權力的壓迫（Foucault, 1979: 27-28）。然而可悲的是，按照傅柯，在人
類任何一個歷史或社會發展階段上，權力卻是無所不在的（Foucault, 1990:
95）。傅柯指出，例如從十八世紀科學啟蒙以來，人類就一直讓自己的生
活刻意地去符合客觀的知識體系的要求，並且通過許多機制進行進種要
求，因此無論軍隊、工廠或學校，都是製造知識和規範的地方，而且這些

地方和它們所製造出來產物，卻無一不是理性所隱含的權力和宰制，只是人類卻仍依循這種權力，而且還自以為擁有自我決定的權力（Foucault, 1990: 135-159）。這也是傅柯在《規訓與懲戒》（*Discipline and punish*）一書中透過收容所、醫院、監獄、診療所這些社會機制之主動和被動性的權力支配和順從關係，所欲彰顯出來之知識的扭曲和權力的宰制（Foucault, 1979）。

美國的社會學家艾坡（Michael Apple）則從意識型態的再製這一觀點出發，把學校裡頭一向不被注意的潛在課程的概念提到一個宏觀的高度來重新認識，他認為潛在課程乃是學校在暗地裡、而且又是非常高效率地灌輸給學生的一種被正當化了的文化、價值和規範，是一種發揮著維持支配權功能的日常性意識體系。學校之所以能夠不依賴強大的外在統治機器就能發揮社會控制的功能，能朝著既定的方向實現特定的意識型態的再製，最根本的關鍵也就是學校生活和教育過程中存在著這種潛在課程（鐘啟泉、李其龍，1993：135）。艾坡這一界說深獲新馬克思主義學者的共鳴，使人們將研究的視野從教育的「再製」引向學校教育中的「反抗、相對自主與意志論」方面（李錦旭譯，1987：229）。

其實透過學校教育進行社會控制的模式，還有另外一種人們經常運用的模式，就是政策干預模式；不過，跟之前模式不同的是，這個模式乃是否定文化再製的一種模式，或者說，政策干預模式乃是政府部門有意識地預防文化再製這種代際不平等的不斷重複。

這種模式是在研究社會主義國家教育制度時，學者們發現社會主義國家出於意識型態的考慮，對教育機會的分配進行了直接干預。它們不但採取低學費或免學費、普及基礎教育等手段，而且使用配額的方式優先錄取工農子弟。雖然政策干預效果在不同社會主義國家有所不同，但在一定程度上都削弱了家庭背景的影響，其中以「文革」時期尤為明顯；而事實上，後來的經驗研究也發現，政策干預也發生在非社會主義國家，甚至是歐美國家，例如將教育資源優先給予貧困社區，它的目的就在於有意識地去削弱代際不平等的傳遞，彌平社會差異（Deng, & Treiman, 1997; Parish, 1984）。

　　政策干預模式的共同特徵是通過否定或部分否定「績效原則」，設計出能照顧弱勢族群的制度，用以達到削弱代際不平等之傳遞。例如在中國「文化大革命」時期激進的教育政策—取消考試，根據政治成分和表現推薦升學；又如，在西方歐美國家的一些大學降低有色人種的錄取標準與條件等等。然而，為了所詬病的是，政策干預雖然能在不同程度上達到削弱家庭背景對新生代的影響，不過它的代價是破壞了機會公平原則；所以，政策干預其實也是一種制度性的不平等，只不過它所選擇的方向剛好與資源轉換模式相反，即有利於弱勢家庭與族群（姜添輝，1998）。實際上，不只是在文革時期，即便是到了現在，中國的這種政策性的干預也還相當明顯，這表現在教育經費的分配與投入上，例如學者對中國教育的研究：

　　　　就城鄉角度而言，強化這種制度的表現就是在農村推行分級辦學制度，即實行「縣辦高中」、「鄉辦初中」、「村辦小學」，相應的辦學經費由分別由縣、鄉鎮和村支付，而城市的辦學經費則由城市政府撥款。

　　　　在這種制度下，中央政府的財政教育經費的絕大部分投向了高等教育。在整個90年代，這一部分始終高達90%左右，而包括高中在內的中小學得到的比例始終未超過1%，而且這些有限的金額也主要是對「中央屬」中小學的投入。近年來雖然增加了對貧困地區義務教育的援助，但「九五」期間的總投入只有39億元，在2001年以後的四年間，這部分資金仍然不足300億元，占中央教育財政總經費的比例仍然微乎其微（張玉林，2005）。

　　隨著教育體制和教育政策不斷調整，家庭背景與個人教育獲得之間的關係也發生著變化（Zhou, 2004）。這一結論也已經得到中國學者經驗研究的支援（劉精明，2005）。

五　結語

　　國內有關九年一貫課程的學術分析，基本上是從知識與權力的批判角度為主。[1]而事實上，從本文的對知識與權力的反省中，可以瞭解知識與權力之間有著糾葛不清的複雜關係，以往在教育學裡總是假定知識是一種普遍真理，因此，當老師們在傳遞知識時總是自覺擔負重大的神聖使命，唯恐曲解了知識、誤解了學說理論，希望把最「真」的知識傳遞給下一代。事實上，每個當老師的人莫不抱持著這樣的態度，當我們在講課時，總是希望學生很清楚地瞭解授課內容，如果像中小學那樣有教科書的話，那麼教科書裡的答案無一不是清清楚楚、明明白白的，我們會要求學生把它當作真理記誦下來，並以此來衡量學生的學習成就。

　　然而，實際上，我們所傳播的知識是充滿階級印記、特定集團意識型態以及某種民族偏執的，甚至可以進一步說，在學校教育中，我們不知不覺奉真理之名，傳遞的卻是少數統治者所期待的價值系統與世界觀。這事實上提醒那些從事教育工作的人，對自己所教導的知識要時時刻刻進行反思，否則我們所謂的教育只是別人合法化自己權力的一種工具而已，在這個意義上，教師也是他人手中的工具，他的職務便是大量複製統治者所需的意識型態。

　　因此，從知識與權力的這個角度來看，我們也可以說，一個不具反省能力的人，一個不曾反思自己所教授的知識的人，實在不能稱之為傳道、授業、解惑的「老師」。這是值得那些當老師的、或是想當老師的人深以為戒的。

---

[1]　參閱方德隆（2000）、王前龍（2002）、慧蘭（2002）、巫有鎰（2002）、林生傳（1999）、范信賢（2002）、陳伯璋（1999）、歐用生（1999a）及歐用生（1999b）。

參考文獻

一、中文部分

方德隆（2000）。九年一貫課程學習領域之統整。**課程與教學季刊，3**
　　**（1），1-18。

王前龍（2002）。臺灣中小學課程政治意識型態分析的回顧與展望。載於臺
　　灣教育社會學學會（主編），**九年一貫課程與教育改革議題：教育社會**
　　學取向的分析（頁101-118）。高雄：復文。

王慧蘭（2002）。重複性思維/創造性思維：學校生活世界的邏輯和教育改
　　革。載於臺灣教育社會學學會（主編），**九年一貫課程與教育改革議**
　　題：教育社會學取向的分析（頁135-154）。高雄：復文。

史靜寰、熊志勇（合譯）（1992）。Basil Bernstein著。階級與教學法：
　　有形的與無形的。載於厲以賢（主編），**西方教育社會學文選**（頁
　　453-507）。臺北：五南。

巫有鎰（2002）。從韋伯社會行動理論檢視九年一貫課程的「全理性」。載
　　於臺灣教育社會學學會（主編），**九年一貫課程與教育改革議題：教育**
　　社會學取向的分析（頁361-376）。高雄：復文。

李欣芳、蔡淑媛、謝文華（2008）。**莊國榮粗話罵馬父 謝營遺憾、難苟同。**
　　2008年3月17日，取自http://www. libertytimes.com.tw/2008/new/mar/17/
　　today-p3.htm。

李錦旭（譯）（1987）。杭特（B. Hunt）著。**教育社會學理論**。臺北：桂
　　冠。

沈麗新（2009）。遭遇學生語言傷害。**讀寫月報：新教育，3，**36-37。

林生傳（1999）。九年一貫課程的社會學分析。載於中華民國課程與教學學
　　會（主編），**九年一貫課程之展望**（頁1-28）。臺北，揚智，。

姜添輝（2003）。教師是專業或是觀念簡單性的忠誠執行者：文化再製理論

的檢證。**教育研究集刊，49**（4），93-126。

范信賢（2002）。「擁擠的樂園」：再思九年一貫融入議題課程。載於臺灣
　　教育社會學學會（主編），**九年一貫課程與教育改革議題：教育社會學
　　取向的分析**（頁393-406）。高雄：復文。

高名凱（譯）（1980）。索緒爾（Ferdinand de Saussure）著。**普通語言學教
　　程**。北京：商務印書館。

康永久（2007）。回歸生活世界的教育學。**中國教育學會教育基本理論專業
　　委員會2007年年會論文**（頁1-10），中國：西安。

張人傑（1989）。**國外教育社會學基本文選**。上海：華東師範大學出版社。

張玉林（2005）。**中國教育：不平等的擴張及其動力**。2005年5月31日，取
　　自http://www.cuhk.edu.hk/ics/21c/supplem/essay/0501035.htm

張衛國（2010，2月23日）。語言經濟學三大命題：人力資本、公共產品和
　　制度。**中國社會科學報，8**版。

郭官義（譯）（1986）。哈貝馬斯著。評伽達默爾的《真理與方法》一書。
　　哲學譯叢，3，71-74。

陳伯璋（1999）。九年一貫課程的理念與理論分析。載於中華民國教材研究
　　發展學會（主編），**邁向課程新紀元——九年一貫課程研討會論文集
　　（上）**（頁10-18）。臺北：中華民國教材研究發展學會。

陳國彥（2001）。**社會領域課程與教學**。臺北：學富文化。

熊德斌（2005）。語言、信息、制度效率的經濟學分析。**貴州大學學報（社
　　會科學版），23**（2），52-56。

劉北成、楊遠嬰（合譯）（1992）。歇爾·傅科著。**規訓與懲罰——監獄的
　　誕生**。臺北：桂冠。

劉精明（2005）。**國家、社會階層和教育**。北京：中國人民大學出版社。

劉麗玲（2003）。論巴茲爾·伯恩斯坦的教學話語理論。北京**師範大學學報
　　(社會科學版)，4**，139-144。

歐用生（1999a）。從「課程統整」的概念評析九年一貫課程。**教育研究資
　　訊，7**（1），22-32。

歐用生（1999b）。九年一貫課程之「潛在課程」評析。載於中華民國教材

研究發展學會（主編），邁向課程新紀元——九年一貫課程研討會論文集（上）（頁19-33）。臺北：中華民國教材研究發展學會。

錢民輝（2001）。論美國學校教育制度的實質。北京大學學報（哲社版），**2**，127-137。

謝維和、朱旭東（合譯）（2002）。麥克爾・F. D.・揚著。**知識與控制**。上海：華東師大出版社。

鐘啟泉、李其龍（1993）。**教育科學新進展**。西安：陝西人民教育出版社。

二、外文部分

Atkinson, P. (1985). *Language ,structure, reproduction: An introduction to the sociology of Basil Bernstein*. London: Methuen.

Bernstein, B. (1970a). A sociolinguistic approach to socialization: With some reference to educability. In F. Williams (Ed.), *Language and poverty: Perspectives on a theme* (pp. 25-61). Chicago: Marham.

Bernstein, B. (1970b). Education cannot compensate for society. *New society 387*, 344-347.

Bernstein, B. (1977a). Class, codes and control. 2nd.ed. Volume3. *Towards a theory of. educational transmissions*. London: Routledgeand Kegan Paul.

Bernstein, B. (1977b). Class and pedagogy: visible and invisible. In J. Karabel and A. H. Halsey (Ed), *Power and ideology in education* (pp.511-534). New York: Oxford University Press.

Bernstein, B. (1982). Codes, modalities and the process of cultural reproduction: A model. In. M. Apple (Ed.), *Cultural and economic reproduction in education* (pp. 304-355). London: Routledge and Kegan Paul.

Deng, Z., & Treiman, D . J.(1997). The impact of the cultural revolution on trends in educational attainment in the Peopleps Republic of China. *American Journal of Sociology*, 103(2), 391-428.

Foucault, M. (1979). *Discipline and punish: The birth of the prison*. A. Sheridan, (Trans.). New York: Random House.

Foucault, M. (1980). *Power/Knowledge:Selected interviews and other writings*. New York: Pantheon Books.

Foucault, M. (1988). *Politics, philosophy, culture: Interviews and other writings of Michel Foucault, 1977-1984*. (pp. 125-151). In Lawrence D. Kritzman (Ed.). New York: Routledge.

Foucault, M. (1990). *The history of sexuality, vol.3: The care of self*. R. Hurley (Trans.). Harmondsworth: Penguin.

Parish, W. L. (1984). Destratification in China. in J. Watson (Ed.), *Class and Social Stratification in. Post 2 Revolution China* (pp. 84-120). New York: Cambridge University Press.

Whitney, W. D. (1875). *The life and growth of language: An Outline of Linguistic Science*. New York: Appleton.

Zhou, X. (2004). *The state and life chances in Urban China: Redistribution and stratification*. New York: Cambridge University Press.

第七章

社會不平等與異化的教育：論當代的貧窮世襲

前言

　　在教育界經常流傳一些激動人心的故事，說某個孩子在艱困的環境中努力不懈，終成大器，堪為同學典範；當老師的人也都樂於援引這樣精彩的故事來勉勵學生不要妄自菲薄，因為英雄不怕出身低。在臺灣，這種艱困出身而有不凡成就的人，當屬在2000年當選總統的陳水扁，他三級貧戶的出身卻能高中臺大法律系，並且在大學期間就高中律師，在好長的一段時間裡，他是教育界裡的典型人物，很多老師在引用這種例子時，事實上心裡對學校教育能改變人的社會身分地位的這個功能深信不已，並且引以為傲能從事這麼有理想的工作。

　　問題是，在當代社會中，教育當真扮演社會階層流動的暢通管道嗎？事實可能與上面的印象有一些落差，我們就看看現實的社會吧，許多人看了底下這則新聞，都會有很深切的感觸（范正和，2010）：

　　　　教育部97年12月2日頒布身障學生就學費用減免辦法，自98年8月1日起實施，其中規定「就讀私立國民中、小學者，其就學費用減免額度，以公立國民中、小學之基準為限」，但花蓮縣政府95年頒布的補助要點牴觸教育部辦法，必須修改要點以符合規定。……

　　　　根據新要點，縣府補助私立國中小弱勢學生減免額度經費較往年大幅縮減。身心障礙學生、子女極重度、重度者，舊制可減免學費1萬2,500元，新制變成1,000元，中度者原減免8,500元，新制變成700元，輕度者原減免5,000元，新制只剩400元，低收入戶（社會處核定有案者），原減免8,500元，新制變成1,000元。補助金額減少，在大環境不景氣下，對弱勢的身障生家庭而言，無疑是雪上加霜。

　　　　此舉引發私校學生家長反彈，縣議員魏嘉賢最近接獲不少家長反映，他們不希望「貧窮世襲」，子女的基本教育費都必須東挪西借，才能讓孩子安心求學，更何況政府能夠補助本是

一大德政，怎麼突然要拿「殘低族群」開刀呢？經他查明後發現，全縣這種亟待補的弱勢也不過近200人而已，縣府應該要設法吸納。

縣府上月21日函請教育部釋示，本月5日教育部函覆指縣府可衡酌研訂其他就學優待或補助要點，協助學生安心求學。

偏遠地區的家長們不希望「貧窮世襲」，所以他們寄望於教育；然而這種貧窮世襲的現象不是偏遠地區「殘低族群」的特例，根據臺灣《工商時報》2011年的數據告訴我們，臺灣社會中低階層的貧窮化現象是愈來愈嚴重、普遍，它的社論寫道（工商時報社論，2011）：

> 我們可以將臺灣近二十年分為兩個時期，前十年落在貧窮線下的戶數由4萬3千戶升至6萬7千戶，後十年則由6萬7千戶增至11萬4千戶，後十年增加的戶數是前十年的兩倍。這項數據顯示臺灣經濟雖然逐年成長，但是贏者圈卻愈來愈小，貧窮的家庭愈來愈多。這並非一兩年的偶然變化，而是十多年的長期趨勢，這一趨勢再往前走個十年、二十年，臺灣社會將會變成什麼模樣，實難想像。

落在貧窮線下的戶數在十年間暴增兩倍，這種「贏者圈卻愈來愈小，貧窮的家庭愈來愈多」的現象正是當代資本主義的特徵，也是資本主義社會貧窮世襲的寫照。最近一位捐款給清華大學的大企業家也發現，近年來清大的學生來領他所捐贈的清寒獎學金人數愈來愈少，他表示：過去窮人家小孩，沒錢就好好念書，現在不行了，他去新竹高中、新竹女中頒發獎學金，也發現清寒學生變少，「過去窮人靠教育翻身，現在翻身機會愈來愈難！」（張念慈，2012）在當代的臺灣，有錢才能接受名校的高等教育。

平實而論，民主化之後的臺灣號稱人權立國，也相當重視弱勢族群的權益，臺灣的全民健保更是全世界艷羨的良好制度，因為它照顧到社會中

的每一個人，許多歐美國家甚至都來臺灣取經學習這樣的制度；然而，即便是在臺灣，新聞中的「貧窮世襲」的現象不斷地在教育場域裡發生卻絕對不是特例，當然也絕對不會消失的，甚至我們可以說，隨著資本主義的發展，這在工業社會中是一種愈來愈普遍現象。縱然是聲稱要「補」資本主義的「課」的中國大陸似乎也是如此。

這樣的觀點確實部分反映出工業社會的景況，其中特別是一百多年前馬克思對工業社會所造成的階級對立及人的異化提出其深刻的批評，確實值得吾人省思教育在當代社會中的功能。

本文透過馬克思主義及新馬克思主義的論述與批判來詮釋、反思當代教育及其可能性。

 ## 二　社會發展的失衡：不平等

世界衛生組織最近公布了一份調查報告，其中指出：在英國蘇格蘭格拉斯哥市郊區，新生兒的預期壽命比13公里外的新生兒少28歲。南部非洲國家萊索托女童的預期壽命比日本女童足足少了42歲。在瑞典，婦女孕期和分娩期間的死亡率是1/17400，而在阿富汗則高達1/8。世衛組織2008年8月28日發布的一份報告指出，造成這些差異的不是生理因素，而是社會不平等（中國新聞網，2008）。

這種社會不平等，在某些社會中還相當嚴重，例如2008年10月21日來自印度的報導〈印度農村男女比例失衡　買妻風氣盛行〉，其中講到：「據印度國立旁遮普大學女性研究中心研究員考爾今天表示，在傳統重男輕女的觀念下，數十年來，無數家庭利用產前性別鑑定，得知胎兒性別後，立即墮掉女胎，造成如今社會畸形現象，女人就如同生子的機器」、「生不出兒子的女人，通常不是被趕回娘家，就是被拋棄甚或被男方轉手再賣給別人」、「買來的女孩，在男方家裡絕對無法享有平等地位，沒有任何權利，就如一件商品，不斷的被使用，有時甚至淪為男方家庭所有男性的共享財產」（郭傳信，2008）。

在發展中國家，社會不平等的情況並未因著經濟條件的好轉而獲得改

善，例如哈佛大學蕭慶倫教授等人所撰寫，分析中國在1990年開始發展經濟前後，城鄉人民健康差異情形變化顯示，中國在經濟發展開始之後，整體人民的健康並沒有跟著繼續改善，反而有轉壞的趨勢，特別是在占其人口85%的鄉村地區。最明顯的是，經濟成長快速拉大城鄉不平等的差距，包括所得、健康、及醫療資源等。事實上，1990-1999約十年的經濟成長期間，中國每年平均經濟成長率是9%，但遠不及醫療費用的平均年成長率15%（Liu, Hsiao, & Eggleston, 1999）。從二次世界大戰之後的日本發展的案例，人們看到有了它以社會平等做為基礎，其經濟成長才會建構一個均富的社會，進而使整體國民的素質與能力都能提高，整體國家的競爭力才能明顯提升（Hasegawa, 2001）。由此可見，社會平等對國家整體發展的重要性。

傳統社會學中所使用的社會不平等的概念，大致是指社會成員或群體所處的不同社會地位以及由此產生的社會報酬等方面的差別，社會不平等的實質，是社會資源在社會成員中的不均等分配，例如財富、收入、聲望、教育機會、職業地位等（孫志祥、李露露，2002）。每個社會不平等的情形都不盡相同，其所造成的原因也各自迥異，而不同的社會學學派看待不平等問題也都不同。

當社會不平等的狀態成為一種結構性之體系，亦即某些人或團體能穩定且持續擁有，甚至傳承其擁有重要社會資源之優勢，此時便構成了所謂的「社會階層」（social stratification），「社會階層」是指一個社會中的人，按照某一個或幾個標準，如財富、權力、職業或聲望之類，被區別為各種不同等級的狀態。由這描述社會不平等的體系，我們可以得知社會成員因財富（wealth）、權力（power）及聲望（prestige）的高低不同而安排在不同的社會層次。季登斯（A. Giddens）認為，階層可以被界定為「不同人們組群之間的結構性不平等」（Giddens, 1973）。由於每個人擁有的聰明才智、成就、工作的努力等條件不同，自然仍成不同的社會地位。而一旦擁有相同社會地位的人，則形成一個社會階層。

三　馬克思的階級革命

在人類歷史演進的過程中，「平等」可以說是一種幻想，實際的情況是，在歷史上的任何一個時期，只要有人類社會的存在，人們都是不平等的，當然也會有一些有識之士為此偶爾會發出不平之鳴，為那些可憐的人們發聲請命，也會有人因而付之行動，我們稱之為「革命」的壯舉，犧牲性命在所不惜，例如中國歷史上的許多農民革命或運動便是；但是，鮮少有人一方面著書立說自成套一完整體系為不平之民之喉舌，另一方面也將其理念付之實際行動，特別是以集體的革命力量來掃除世間的不平等。馬克思應屬其中一位。

不同於當代社會學將社會的不平等歸咎於於社會階層，馬克思則聚焦緣於經濟生產關係而產生的階級。

眾所周知，馬克思認為這幾千年來，人類發展史上最大矛盾與問題就在於不平等即不同階級的利益掠奪與鬥爭。依據歷史唯物主義，馬克思大膽預言，資本主義終將被共產主義所取代。

在《共產黨宣言》（Communist Manifesto）中，馬克思首先就把不平等的問題提到人們的面前，他在第一章就開宗明義的說：「至今一切社會的歷史都是階級鬥爭的歷史」。[1]他認為在一切不平等的歷史洪流中，「剝削者」（the exploiters）極力維護自己從「被剝削者」而來的利益，兩者的對立形成鬥爭，階級之間是一種剝削關係，剝削的方式則隨著生產方法不同而有所差異。

這就是馬克思的歷史唯物主義特有的歷史觀──從不平等及其階級鬥爭來理解人類歷史的發展。

在《政治經濟學批判‧序言》一文中，馬克思對他的歷史唯物主義作了一個完整的表述（馬克思、恩格斯，1995：18）：

> 人們在自己生活的社會生產中發生一定的、必然的、不以

1　見馬克思、恩格斯（1997）。

他們的意志為轉移的關係，即同他們的物質生產力的一定發展
階段相適合的生產關係。這些生產關係的總和構成社會的經濟
結構，即有法律的和政治的上層建築暨立其上並有一定的社會
意識形式與之相適應的現實基礎。物質生活的生產方式制約著
整個社會生活、政治生活和精神生活的過程。不是人們的意識
決定人們的存在，相反，是人們的社會存在決定人們的意識。
社會的物質生產力發展到一定階段，便同它們一直在其中運動
的現存生產關係或財產關係（這只是生產關係的法律用語）發
生矛盾。於是這些關係便由生產力的發展形式變成生產力的桎
梏。那時社會革命的時代就到來了。隨著經濟基礎的變更，全
部龐大的上層建築也或慢或快地發生變革。

馬克思把社會看作一個結構上互相密切關聯的整體，但他認為影響
社會的各個因素中，以經濟為最重要的影響因素，其中，政治、法律、哲
學、文學、教育及藝術等「上層建築」的發展雖然也會影響經濟，但總體
來說，它還是取決於經濟發展。雖然，在馬克思的理論中，經濟狀況絕不
是唯一的動因，所有其他因素也不僅僅是被動的結果，在經濟之必然性的
範圍內，諸因素之間會相互影響，但經濟的必然性還是最終的決定因素。

人類的歷史，在馬克思那裡，是依照生產力與生產關係之矛盾所開
展的一場辯證運動；因此，生產關係的總體構成了真正的基礎，在其上矗
立著社會的整個文化上層建築。人們由於參與經濟生活而進入社會關係，
經濟生產方式表現在人際關係與社會活動之中，這並非個人意志所能決定
的，當人出生到這個世界時，財產關係就已經決定了，正如人們不能選擇
自己的父母，從這樣的財產關係便產生不同的社會關係。顯然，在此一理
論架構底下，馬克思認定教育也是被這樣的財產關係所決定的。

雖然馬克思承認有社會流動，不過由於一般認為可以改變人身分地位
的教育在此已被財產關係所決定了，因此社會流動在他的分析中，實際上
卻沒有扮演什麼角色。而且，當一個人出生在某一階級，他的行為方式就
被規定了，因此，在此一觀點底下，後天的教育對其生活方式到底能起什

麼作用，馬克思是懷疑的。

　　馬克思對於教育作用的懷疑，最具體的表述是在《資本論》序言中，馬克思寫道：「在此，個人只是經濟範疇的化身，特定之階級關係及階級利益的體現」（馬克思，1963）。在歷史唯物主義的理解下，「個人只是經濟範疇的化身」，也就是說，人只是一種經濟動物，在實際的社會關係中，人的經濟本能則化身階級利益，雖然，人們或許未必意識到他們的階級利益，但是在資本主義社會裡，每個人還是會被背後的階級利益所驅動，在馬克思，這是不為主觀意志所轉移的，因為階級利益是一種物質力量，物質力量的運作有其客觀規律，這種客觀規律決不是人們的主觀意志或願望所能左右的，而教育便是代表著某些人的主觀意志或願望。

　　在馬克思，這種階級利益是根深蒂固的結構，但這個結構也是會遷流變化的，不過，決不是因著人們主觀意志而改變，它的改變是因為客觀的經濟關係的變化，即當一個社會的生產力與生產關係的矛盾愈來愈大，必然造成人與人之間愈來愈大的對立與衝突，從而也帶來社會結構的流變；那麼，我們要問的是，為何經濟關係的轉變會造成人們關係的衝突呢？人之所以會對立、衝突，這是因為人終究不是物，人是有意識的動物，他追求自由的生活，但是：

　　　　人們每次都不是在他們關於人的理想所決定和所容許的範圍內取得自由的。但是，作為過去取得的一切自由的基礎的是有限的生產力；受這種生產力所制約的，不能滿足整個社會的生產，使得人們的發展只能具有這樣的形式：一些人靠另一些人來滿足自己的需要（馬克思、恩格斯，1964：9）。[2]

　　如此，不平等形成，社會就分裂為自由與不自由的人，統治與被統治的階級於焉形成；在古代，是自由民與奴隸，在封建主義社會，是貴族與農奴，到了現代的資本主義社會，是資產階級與無產階級的對立（王振

2　詳見馬克思〈國際工人協會成立宣言〉一文。

輝，1990：92）。

　　對資本主義市場經濟的理解，馬克思的觀點完全不同於古典經濟學，古典經濟學者將市場經濟的體系描繪為：每一個在此種經濟體系中的人，雖然都為其自身的利益而努力，而且只關心他自己利得的增加，但是每一個人對於整體的利益及和諧也都能夠有所貢獻。但馬克思卻認為，在資本主義社會中，每一個人都為他自己的利益而努力，因而每一個人對於此體制必要的運作以及最後的崩潰，都有所貢獻，每一個資本家都理性地追求他自己的利益，此一事實導致不斷惡化的經濟危機，因此，最後將導致共同利益的崩潰。

 四　人類的自我異化

　　在馬克思的階級理論中最值得我們注意的是異化論（theory of alienation），因為它是現代資本主義社會至今為止都還無法解決的困境。

　　馬克思「異化」這個概念源自德國哲學家黑格爾（G. W. F. Hegel）思想，黑格爾在批判基督教的「實證性」（The Positivity of the Cristian Religion）中首次提出了異化此一概念，其實在黑格爾之前，費希特（Johann Gottlieb Fichte）也曾使用異化一詞，當時他用它揭示人與自然的異化關係；不過，黑格爾則是用異化這個概念來觀照人的思想變化並用以揭示人與人的異化關係。黑格爾認為，所謂基督教的「實證性」，就是指人所製造的基督教變成了一種僵化的反過來壓迫人的異己力量。到了《精神現象學》階段，黑格爾的異化理論達到高峰，異化成了說明自然、社會、歷史等辯證發展的核心概念，成為在「自我意識」所體現的人類意識和社會發展整體中始終起重要作用的中介。事實上，黑格爾的異化概念是起初在說明人們勞動過程中的一種現象，這種現象叫「外化」，黑格爾在《精神現象學》中說：「勞動陶冶事物。對於物件的否定關係成為物件的形式並且成為一種有持久性的東西……這個否定的中介過程或陶冶的行動同時就是意識的純粹自為存在，這種意識現在在勞動中外在化自己，進入到持久的狀態」（賀麟、王玖興譯，1979：130）。在此，黑格爾告訴我們，人作為

自然的存在物，是自然界的一部分，自然界是人勞動的物件，人在自然界中進行對象性活動，改造了自然，改造了社會，創造了人的本質。勞動是人與自然界相統一的紐帶，是人與自然、人與社會、人與人之間的本體論的、根本性的關係。

　　黑格爾把存在的一切都歸結為「自我意識」，把異化也歸結為「自我意識」的異化。自我意識作為絕對理念外化為自然，在社會歷史中作為「自我意識」環節的人異化為「絕對精神」。他認為，人和由人所組成的各種社會形態及其歷史作為主體，在異化中不僅表現為「分裂為二」、「或樹立對立面的雙重化過程」，而且這種由主體所產生的對立物，對於主體是一種「壓迫性的」、「吞食它的力量」，進而賦予異化概念不同於外化概念的深刻涵義（賀麟、王玖興譯，1979：130-135）。

　　馬克思基本上批判性地繼承了黑格爾的異化理論，馬克思以為，黑格爾的異化概念有其片面性和侷限性，其主要的原因在於：「黑格爾所認識的並承認的勞動乃是抽象的精神的勞動」（馬克思、恩格斯，1955：15）。換言之，黑格爾雖說「把勞動認作本質，認作人的自行證實的本質」，但他所瞭解的「勞動」仍只是人類思維的過程，僅僅是自我意識自身異化又克服異化的精神活動，而不是現實世界的革命實踐，自然鬥爭和社會鬥爭實踐。

　　從馬克思的理論言，異化的現象，首先出現的是人們勞動的異化，也就是所謂的「異化勞動」，這是馬克思用來表述資本主義僱傭勞動的重要概念。異化本來涵義是指人（主體）的創造物同創造者相脫離，不僅擺脫了人的控制，而且反過來變成奴役和支配人的、與人對立的異己力量。在《1844年經濟學哲學手稿》中，馬克思指出了異化勞動是私有制運動的結果（馬克思，2000：29）。正是由私有制造成的勞動與勞動條件的分裂，才使勞動者和他的產品、勞動本身、類本質以及和他人之間的關係上發生異化。馬克思認為，私有制是由分工產生的，分工本身又造成了勞動的異化，所以私有制是異化勞動的結果。

　　缺乏勞動條件的人，為了生活，就得把自己的勞動能力交給擁有勞動條件的人去支配，同時把自己勞動的成果也一併交給人家去占有。因此，

勞動本身也就愈來愈脫離勞動者，成為反對勞動者的異己力量。這樣，私有制的產生就進一步加劇了由分工造成的異化勞動，反過來也成了異化勞動形成的動力。「勞動的產物像是一種異己的存在，與勞動都對立，像是一種獨立於生產者的力量……工人愈努力工作，他所創造的與他自己對立的對象世界就變得愈有力量，他的內心生活就變得愈貧乏，他屬於他自己的就愈少」，「勞動外在於工人……勞動不是他的本性的一部分；結果他並沒有在他的工作裡面實現他自己，反而否定他自己……因而工人只有在閒暇的時候，才會覺得自在，而在勞動時就覺得不自在」，「對於工人而言，他自己的活動像是某種不屬於他的異己的活動，活動如同災難（被動性）、力量如同無力、創造如同閹割，工人個人的身心力量，他的個人生命……在活動裡，與他自己對立，獨立於他而且不屬於他。」最後，異化了的人也與人類社群異化，與他的「類存在」（species-being）異化，人與他人異化（王振輝，1990：64-80；黃瑞祺、張維安譯，1986）。

在馬克思的歷史唯物主義裡，異化只是短暫的歷史現象，它必然隨著私有制和階級的消亡以及僵化的社會分工的最終消滅而滅亡。事實上，從馬克思的理論來說，無論是分工還是私有制，都不是異化勞動產生的根本性原因。只有低下的勞動生產率，才最終決定了分工和私有制的產生。因此，要想從根本上消除異化，只能以生產力的巨大增長和高度發展為前提。馬克思認為，在資本主義社會中，工人創造了財富，而財富卻為資本家所占有並使工人受其支配，因此，這種財富及財富的占有、工人的勞動本身皆異化成為統治工人的、與工人敵對的、異己的力量（王振輝，1990；黃瑞祺、張維安譯，1986）。

正如上述，在馬克思，勞動工人的異化乃是私有制發展以及階級鬥爭的結果，那是歷史不可避免的必然；因為，依照歷史唯物主義，社會整體的發展乃包涵矛盾力量的一種辯證過程，在這些矛盾力量的鬥爭過程與壓力下，形成階級與階級的對立，形成宰制、形成異化，也促成了社會的變遷。社會衝突是歷史發展過程的核心。

在資本主義社會中，人類在機械化工業大生產中，雖然使得生產力前所未有的增長，但是勞動高度的分工、私有財產制度的實施以及不平等的

分配卻逐漸讓人喪失人的本質（馬克思、恩格斯，1960：36-37）；馬克思認為人類歷史，既是人類對於自然逐漸增強控制的歷史，同時也是人類逐漸異化（alienation）的歷史。所謂的「異化」指的是人被他們自己創造的力量所支配的一種情況，此種人自己創造的力量冷冷地面對人們，儼然是一種異己的力量。如人創造「神」，卻被神支配，人創造貨幣，卻被貨幣所支配（黃瑞祺、張維安譯，1986）。依照馬克思理論，在資本主義這個最後的，也是最發達的私有制社會裡，異化勞動達到了頂峰。所以，只有實現共產主義，消滅生產資料私有制和社會分工的對抗形式，才能消滅異化勞動。

　　值得注意的是，在資本主義發展過程中，資本家也逐漸發展出一種辯護性的意識型態以及一種政治支配體制，來替他們的集體利益服務（Schapiro, 1972: 46）。其中教育作為培養社會主體和勞動力的典範的意識型態國家機器（Ideological State Apparatuses），是統治者有意識塑造新一代公民的意識型態陣地（Althusser, 1971: 144）；因此，馬克思認為，所謂「自由競爭」、「平等機會」、「社會流動」、「人權民主」，都是一種意識型態的假象，資本家用這些意識型態來維持資本主義社會統治階級的宰制。所以，在馬克思，資本主義社會的意識型態乃是一種用以欺騙被統治階級的「虛假意識」（false consciousness）、一種「有意識的幻想和有目的的虛偽」（馬克思、恩格斯，1960：53，331）。自從馬克思在理論上提出了個「虛假意識」的概念之後，文化（及思想、習俗、宗教信仰等等）從此就成為被關注的對象，就社會改革力量來說，革命、改革成功要靠它，就社會保守力量的當權者來說，政權維繫也要靠它，自此，各方皆極力爭奪文化陣地。

五　教育的異化

　　既然在現實的資本主義社會中造成階級的對立與人異化，那麼，我們是否可以寄望於教育來解決工業社會的問題呢？就像學者所期望的那樣，教育在本質上仍應為一民族或人群的理想甚至夢想所寄（陳迺臣，2001：

21）。當代中國知識分子的認知亦復如此（徐小平，2009）：

> 今日中國，最缺乏合理教育資源的是什麼人？是數千萬民工子弟。數千萬民工子弟，如果他們沒有學校可上，流落街頭，或者早早就尾隨他們父母艱苦的體力勞動，這個社會永遠不會和諧，事實上只會愈來愈緊張。

沒錯，傳統上，教育就向來被認為社會流動的最佳渠道，就個人來說，教育也是克服自然、社會和歷史的障礙，幫助學生發展其作為個人和人類所應擁有的認知、生理、情感、批判和審美的能力，以實現社會平等。

在現代工業社會中，教育和知識是一個社會最寶貴的資源，可以說，教育就是生產力，就是資源。

特別是對於一些偏遠地區，和城市相比，有很多無法比擬的不足，他們改變自己面貌的最有效最直接的方法，就是掌握科學知識——實現教育平等。

在此，我們要問的是：被寄予厚望的教育，到底有沒有發揮這種功能呢？

事實是很殘酷的，當教育這種最重要的資源被一部分人所掌握時，就會成為維護統治集團利益的工具，其結果必然加劇社會集團之間的對立，激化社會矛盾。遠在馬克思恩格斯時代，教育就出現異化的現象；在十九世紀中葉的資本主義的社會中，恩格斯就寫到當時普魯士的教育惡化的情況，他指出，當時的學校「流行著一種非常可怕的背書制度，這種制度半年的時間就可以把一個學生變成傻瓜」，在他描繪下，當時資產階級的教育，成了監獄和兵營，成了抑制心靈自由成長的場域（馬克思、恩格斯，1956：493-518）。[3]同樣的，馬克思也指責當時法國政府所頒布的國民教育法降低了人民教育原有水平，更使人民遠離了文化的源泉（馬克思、恩

3　詳見恩格斯〈烏培河谷來信〉一文。

格斯，1961：117-227）。[4]

　　馬克思、恩格斯此處所指出的「非常可怕的背書制度」其實在臺灣教育裡早就習以為常，甚至在更早的中國古代知識訓練中被視為天經地義的常態。像宋人龐元英《文昌雜錄》筆記中便云：「四月初五日，禮部試饒州童子朱天錫，年十一，念《周易》、《尚書》、《毛詩》、《周禮》、《禮記》、《論語》、《孟子》，凡七經各五道，背全通無一字少誤，召至睿聖殿，賜『五經』出身。十月四日，禮部試饒州進士朱天申，年十二，念《周易》、《尚書》、《毛詩》、《周禮》、《禮記》、《孝經》、《論語》、《孟子》、《楊子》、《老子》，凡十經，各有百通，前所試童子天錫之再從兄也，亦賜『五經』出身」。又云：「二十七日，禮部試撫州進士黃居仁，年十三，誦《尚書》、《毛詩》並《正義》、《禮記》、《周禮》、《孝經》、《孟子》、《老子》及《太玄經》，凡九經，合七十五通，又試論試文義三道，文理稍通，賜『五經』出身」。

　　這些死記硬背的人，只是「文理稍通」便可光榮及第，上殿面君，接受封賞，甚至無任何社會經驗的十一、二歲青少年便能任官治民，古代中國在科舉制度下對背誦之學的推崇可想而知。這種只注在背誦書本就能光宗耀祖的科舉制度的精神也一直延續下來，例如在二十幾年前臺灣流行的大學聯考制度就常被譏為現代科舉，嚴重扭曲了知識分子，所以有如此的評論（呂俊甫，2013）：

　　　　我國讀書人（知識分子）的性格，與過去經歷一千多年的科舉制度，有密切的關係。在臺灣也有將近數十年歷史的聯考，與科舉的為害相似，因為不論聯考或科舉，只重書本的知識，只重視寒窗之下的各自苦讀，完全忽略知識的應用和同儕間的合作，以致養成我們知而不行和自我中心的習性。

　　「知而不行」就是因為知識是死背下來的，所以不是真的理解了，

---

[4]　詳見馬克思〈路易・波拿巴的霧月十八日〉一文。

這種「知」不是「真知」，由於不是真知所以也無法依其所知去「行」。這事實上是前述馬克思恩格斯所指陳在「可怕的背書制度」下「抑制心靈自由成長」的結果，在中國封建社會，歷代的統治者都把知識作為統治和奴役勞動人民的工具。簡單地說，教育被執政者當作是愚民的工具。古代中國科舉教育就是一種教育的異化，數十年前臺灣的聯考制度教育也是一樣。當時臺灣的教育乃伴隨著政治上的戒嚴而扭曲變相為政治的附庸，特別是在1983到1987年間，興起大學教育改革運動，為臺灣80年代的教育改革運動的起源，而大學校園學生運動的初期，就是以校園民主與言論自由的議題為訴求的重點，其焦點就是反對政府對教育的控制，而「解嚴之後的教育改革運動揭櫫人本主義的旗幟，要求教育體制擺脫國家主義與功利主義之雙重桎梏」（何明修，2011）。

但經歷了翻天覆地的教育改革之後卻又如何呢？即便過了二十年後還是有人認為，臺灣的教育依然只是科舉制度的遺毒，因為完全只注重考試、背誦書本的功夫數十年始終如一，並沒有因為大學變多了、入學變容易了而有絲毫動搖臺灣人所熱衷的「升學主義」之意志（馬凱，2010）。

由此可見，文化作為一種「習性」（habitus）之頑強。數十年來臺灣教育的異化現象也一直存在於同屬中國文化餘蔭下的中國大陸，如學者指出的：「『考試』是推動中國教育的動力，也引發填鴨式教育問題。報導說，中國學生打從幼稚園就開始參加考試，一路考到高考（大學聯考），美國馬里蘭大學國際教育政策教授林靜指出，時間都花在背誦、記憶或做題庫，中國學生沒空自由思考」，在此教育體制下，「擁有五千年文化的中國，竟出不了一個賈伯斯，也讓大陸學者開始反省，中國的填鴨式教育體制是否扼殺了創意與創新，阻斷可持續成長的動力」（林克倫，2011）。

古代中國的科舉制度以「升學主義」形式再現於當代，它所造就的文化習性旗幟鮮明地宣告一個事實：教改之後的教育還是被扭曲了，或說者，教育還處在異化狀態下。

這種教育異化表現為以下幾個方面：

其一、受限於僵化的理性導致教育的異化；即教育在活動過程中、

在一個不自由的狀態下變成有異於其本質活動結果的現象，因為教育的終極目的乃在解放人類的心靈。在此，教育異化直指教育活動違背了教育的本質初衷，甚至是教育活動恰恰好禁錮了人類的心靈；而所謂的「不自由的狀態」指的是教育被限定在某一種固定而僵化的意識型態之中，其中最主要者厥為盛行於當代的理性主義。這種狀況如同學者所分析的當代教育（陳強，2011）：

> 由於理性主義的氾濫和唯科學主義至上，現實教育不知不覺異化了自己，導致自己偏離了正確的發展軌道，迷失了自己對精神的追求，遮蔽了自己塑造人的心靈的真諦，取而代之是對純粹知識的追求、對實用技術的嚮往、經濟效率的迷戀和工具理性的規訓。其結果是使本來應當促進學生生命完善和人性豐富的教育，變成了壓抑學生個性、異化學生心靈，禁錮學生精神世界的機械訓練。

在理性主義的壓迫、扭曲下，教育已背離其目的，如學者所評斷（甘劍梅，2013）：

> 從教育的產生來看，教育本是為了發展人的智慧和潛能，使人過更美好和更幸福的生活，為人的生活創造更多的可能性。但現代教育卻背離了教育的初始目的，它不僅沒有解放人，使人獲得更多的幸福，反而使人受到了更多的壓迫。

正是「對純粹知識的追求、對實用技術的嚮往、經濟效率的迷戀和工具理性的規訓」使得學校教育變得像馬克思所說的那樣像「監獄與兵營」，一種囚禁人們心靈的場域。

其二，教育的市場化導致教育的異化。此種教育異化是指教育失去其「應然」之義，教育成為「實然」意義，從而對人產生壓迫性，即教育對人的異化以及人在教育中異化；在此，它是指在教育範疇中，教育本身

失去了它在「應然」的意義，教育「應該」做為人培育下一代使之更好地改善自然和社會的工具，也就是說，教育應該引導、領導社會的發展，然而，當代的教育在「實際上」卻是強調迎合社會、市場的需求，用以強調學生未來的競爭力，在臺灣，這種教育的市場化，就是將企業經營的利潤與績效原則應用在教育，這便是強調市場競爭在教育中的重要（李敦義，2000）。學校教育走上市場化就是科技理性思維下的產物，這同時也是一種汰劣擇優的「績效主義」（performancism）思維，[5]因為惟有用「市場」來檢驗學校教育才能直接地、客觀地看到它的辦學成效、學生的學習成效，在此，「市場」代表的是可計算的、優質的「量」，「市場」代表著評量的客觀性，「市場」代表著實用取向，「市場」代表了顧客導向，「市場」代表教育必須取悅迎合企業，「市場」代表著學生的核心能力指標，「市場」更代表著學生與他人的「競爭力」，「市場」也代表了國家生產和競爭力的提升；簡言之，以市場化來檢驗學校教育純粹是資本主義的邏輯，同時也是實證主義的邏輯。教育的這種發展以當代社會學的術語來說，就是實現了它的「社會化」，教育不再發揮傳統聖賢口中「風行草偃」社會道德教化的功能；職是之故，當代這種教育的社會化，實質上就是一種教育的異化，而通過這種異化的教育，人也完全被盲目的市場社會發展所宰制了。在臺灣，這種教育市場化現象最明顯的是就是順應市場趨勢廣設大學，順勢企業要求將大學技職化等等現象。這當然就造成大學教育的異化。

　　其三，教育與生命本身的異化：生命的可貴在於它的無限可能性，真正良好的教育便是實踐這種無限可能性的助力；然而，當代教育卻是消滅這種可能性，造成教育對生命的壓迫，學者指出（甘劍梅，2013）：

> 　　教育與生命的疏離，使真正的教育不可能發生。教育本是

5　績效主義是指「唯績效是舉」，即以績效為唯一尺度，單純以績效考核結果作為各種資源配置決定因素的管理行為，最近臺灣許多大學中都流行在校務發展、教學計畫中設定「KPI」——「關鍵績效指標」作為單位評鑑考核之依據。

人自我發展和自我完善的活動，其根本目的在於提升人的生命價值。在生命哲學家看來，生命是流動著的心靈世界，是變化不定的。生命只能體驗，不能規劃，生命需要的是撫慰、交流和陶冶。從生命的視野來看教育，任何把學生看作機器的做法都是荒唐可笑的。不能喚醒靈魂的教育，不能導致精神轉向的教育，都只能成為一種外在的強制。教師與學生無法進行真正的平等交流和心靈對話，使教師必然變成課堂的暴君，學生成為教室的囚徒。教育對生命的拒斥，使教育成為鮮活生命的沉重負擔。

「教育成為生命的負擔」，負擔的表現形式有幾種：第一種是教育成為對生命的懲罰，理論上，接受教育是一種人類追求自我、釋放自我潛能的重要取徑，然而，當代教育、特別是臺灣的中小學教育，學生視上學為畏途，因為學校就像一座監獄，上學就像是永遠醒不過來的夢魘，教育不是追求身心靈更美好的生命，而是對生命的折騰、壓迫與禁錮；第二種是課程，當代社會發展高度分工，社會發展於是更是高度複雜，出於社會發展、自然科技以及生存的要求，教育者通常認為學生需要更多的知識，因此在教育中設計繁複的課程，再加上每科老師都在追求教學最高的績效，所以給予學生極大的課程壓力，例如在中國大陸中小學裡頭，他們也驚覺到學生課業負擔過重現象已成為全面推進素質教育的嚴重障礙，甚至壓迫到生命本身（浙江在線教育頻道，2012）；第三種是考試對人們心智結構的扭曲，繁複艱深的課程、父母的期望、同儕的競爭、升學的壓力，所有這些都透過看似公平的考試甄選「優秀」人才，然而，這種升學主義下的考選制度多數靠「背多分」，即死背課程內容、標準答案就可以拿高分，如此考試不但無法真正甄別優劣，而且抑制學生思考能力及正常的心靈成長需求，扭曲學生心智結構。

其四，教育被其他權力如政治、經濟所扭曲，從而使教育成為宰制學生的工具，教育出一代又一代的順民；不論是古代科舉制度下的教育，或是現代臺灣聯考制度下的升學主義教育，都是一種為統治者方便治理或

鞏固其政權的愚民政策。因此，學者稱：「通過監視、規範化和考試的結合，能夠確保學校製造出馴順而有用的肉體。就這一點來說，學校其實和工廠、公司、兵營、機關、醫院、Prison並沒有什麼不同，這些都是規訓人的機構」（發條橙子，2011）。

特別是當這種「規訓人的機構」由國家機器所掌控時，大多數都採用了統編或審定的教科書來教育下一代，用以複製某一特定階級的價值體系（張輔軍譯，1992：490）：

> 教科書反過來有潛移默化地傳播了集體代碼的思想方式，因為他概括了強階層化和強分類。教科書要求之事要依據明確規定的進程來安排，那是一種製造出競爭關係的無聲手段。這樣，接受教科書的社會化，是邁向接受有關集體代碼社會化的重要階段。集體代碼越明確，也就是說階層化與分類越強，就越強調早期的閱讀和寫作。中產階級兒童未這一強調作了準備，而勞動階級的兒童則不然。

政治力量得以操控社會涉及三個緊密關聯的教育層級：即社會價值觀產生的知識型態、政策制定者與專家學者將知識再脈絡化而發展出的課程內容、以及藉由教師在學校場域實踐而不斷複製的社會階級結構（引自姜添輝，2003）。在當代社會裡，掌握政治力量的優勢階級繼續操弄著異化的教育不斷地複製其階級意識型態馴服被統治階級於其統治模式下從而鞏固其統治權力。

自1840年馬克思寫出《共產黨宣言》開始算起，至今已過一百七十年，馬克思斷言人類社會的階級對立以及人的異化問題並未稍減，事實上，各國政府對早期教育造成階級對立的問題並非無動於衷，在政策、制度上，甚至在憲政上，許多政治家及有識之士也都把保護弱勢權益及人類最基本權利之保障嵌進體制之內。

例如我國憲法第159條及第163條分別規定「國民受教育之機會一律平等」及「國家應注重各地區教育之均衡發展，……邊遠及貧瘠地區之教育

文化經費，由國庫補助之。」據此，教育機會均等與各地區教育之均衡發展，已為我國教育的根本政策之一。學者也認為，在一個公平機會的競爭環境下，人以其自身能力為依據，被選擇、分配到社會上各階級。因此，學校教育能改變社會階級的壟斷，下層學生可通過社會流動進身上層社會，社會的不平等亦能因此得到改善（范信賢，1997）。現代化理論也認為，隨著工業化和現代化進程，機會均等、擇優錄取的「績效主義」原則將日益盛行，「先天性」家庭背景因素在子女教育獲得和社會流動中的作用將愈來愈小（Treiman, 1970）。不過，我認為，這種樂觀的觀點無疑是一種一廂情願了。

雖然我們都希望透過教育來拉平因為社會條件所造成的不平等，然而，事實是，從當代許許多多學者的研究中都共同指陳，在當代工業社會裡，教育過程中是充滿矛盾與衝突的，他們從理論的論證、歷史的描述與統計的分析中，揭露當代教育的真相是：教育實際上「再製」（Reproduct）社會現存的結構、壓制個人的發展、進而延續了社會不平等（邱天助，1998：1）。也就是說，人們實際上是利用教育合法化了社會的不平等（Bowles, & Gintis, 1976: 129-130），從而也更加深了社會不平等的結構、人們的異化。在這個意義下，教育只是在新時代條件下繼續異化。

在傳統的農業社會，社會的不平等之代際傳遞是以幾近「先天性」的直接繼承為特徵，我稱之為「世襲」：農業社會中兩種最主要資源—財富和技能—莫不如是，前者以遺產繼承的方式傳遞，後者則通過口耳親授而子承父業。在現代工業社會裡，社會不平等的代際傳遞雖然不再主要以「財富和技能」為其特徵，然而，令人訝異的是，其傳遞卻還是停留在幾近「先天性」的直接「世襲」，最明顯的事實是，在工業社會中，其家庭社會化過程中，因受到父母職位的影響，父母會傳遞本身的工作價值觀給子女，例如低職位的父母，往往會強調服從外在權威的重要性；相對而言，擁有高職位的父母，所傳遞給子女的訊息往往是自主決策、獨立思考批判，其強調的是獨立、負責，而這些不同價值觀會反映在管教子女價值、方式的差異上（Bowles, & Gintis, 1976: 147; Kohn, 1969）。在這種代際傳遞過程中，教育正扮演著關鍵性的樞紐角色。

　　從新馬克思主義的角度看來，教育非但沒有解決社會的對立、人們的衝突，諷刺的是，在現代社會，教育反而成為代際繼承或流動的仲介，成為社會不平等傳遞的主要途徑，如果從異化的角度來說，教育的異化無疑是更精緻、更細膩，甚至讓人更加無從察覺。所以，一方面，從表面上看，教育似是社會下層向上流動的管道；可是另一方面，社會優勢階級利用其各種資源優勢，確保其子女獲得較多良好的教育機會。也就是說，教育在現代社會的流動中扮演一種雙重角色：理論上它應是社會流動的動力來源，可現實中卻是優勢階級實現地位繼承的手段。

　　實際上，當代社會的階級對立與人的異化已不再只是古典資本主義時代的經濟宰制問題，它幾乎同時深入人們的骨髓，成為人們的意識型態、成為人們視為理所當然的習性（habitus）了，事實就如同法國左派學者所指出的，不同的社會團體各具有真實或象徵性的資本，並以此採取主動的策略來促進兩代之間有形或文化資產傳遞，成為強調人類實踐與社會實際運作中主客觀因素之間相互滲透之過程（Bourdieu, 1990: 14, 83）；也就是說，這種習性實質上是一種文化現象，涉及了人們的居住環境、衣著、行動的禮節、生存方式等等（Giroux, 1983）。

　　習性作為一種文化現象，它可能形塑自家庭，更可能形塑自社會，習性更是相同歷史的整合、社會的整合，即所謂的「階級習性」（classical habitus）（Bourdieu, 1990）。階級習性像社會黏著劑（social glue）一樣讓社會上各個階級牢牢地黏著在他們原有的社會地位和權力上；在此，人們所擁有的社會資本從一個社會關係轉化為一種抽象的價值—習性，它是一種因為具相同經驗的人、或具相同歷史的人而產的社會認同。這種經驗、歷史可能是相同的行業、相同的習俗、相同的畢業學校或者相同的階級。在這個意義上，習性乃是社會資本的體現。與社會資本息息相關的文化資本也是如此；依學者的觀點，文化資本的再製主要也是通過早期家庭教育和學校教育來進行（朱偉鈺，2013）。在當代的工業社會，文化資本最主要的就是教育的產物，此為教育異化的當代形式。從古到今皆然，操縱學校教育背後黑手就是統治階級，只是當代的操弄更為隱秘、不可見。

　　布勞和鄧肯（Blau, & Duncan, 1967）以微觀角度即家庭資源秉賦理論

來詮釋人們的社會成就，也就是以家庭所擁有資源的多寡來解釋其子女的教育成就，其研究模型也再次驗證了上述的觀點。

因此，無論就現實層面抑或理論層面來說，家庭的代際流動功能無疑是最關鍵的，家庭文化優勢首先轉化成子女個人的學習動力、學習表現，進而轉化為教育機會。從學習表現到教育機會的轉化，需要教育體制遵循績效主義原則，確保教育機會分配依據學習表現擇優錄取。也只有在績效主義原則下，這一轉化才能順利實現。否則，文化再製模式的代際傳遞之鏈會就此中斷，家庭教育背景的效能也將大大降低。所以，教育選拔是否遵循績效主義原則是文化再製模式得以實現的制度前提。

具體而言，入學和擇校的篩選過程愈是遵循擇優錄取的績效主義原則，家庭教育背景對子女升學與擇校的作用就愈大，文化再製模式也就愈成為教育不平等的主要成因。顯然，在該模式下，教育不平等主要表現在不同教育背景的家庭之間（姜添輝，1998）。最近十幾二十年來，臺灣教育的發展印證了這樣的模式，這期間臺灣的大學數目從幾十家暴增至近170家，臺灣人為了擁有大學的學歷，除了廣設大學之外，還拼命擠入大學，可以想見，這些人原來就處在此一社會下階層的人民，原本期望通過接受大學教育來改善自身的階層；然而，事實剛好相反，根據教育部所提拱的資料，為此，近十五年來，背負學貸的人次成長近18倍，而單是在2010年申請學貸人數為42.7萬人，而當年度大學、專科以上學生總人數為134.4萬人，因此，靠就學貸款念書的比率，高達31.7%，幾乎每三個大學生中，就有一個要背債念書，所以會導致一個大學畢業的社會新鮮人，卻窮到吃不起三寶飯，這些大學畢業生拿著大學文憑，所面臨的卻還是貧窮（林宏達，2012）。

其次，在臺灣教育部所提供的另一數據更是令人觸目驚心，即公立大專校院與私立大專校院申請就學貸款的人數比約為一比四（教育部，2012），也就是說，那些考不上國立大學的弱勢者不得已去就讀學費昂貴的私立大學，希望藉此翻身的窮學生，卻是背負著沉重的貸款來完成學業；而且一旦畢業成為社會新鮮人之後，不僅無法找到工作，抑且還要還學貸；通過大學教育，貧窮的人還是貧窮。

　　總之，當代教育的異化是造成了貧窮階級的子弟無法翻身的根源，這也形成了一種怪異而荒誕的畫面，在一個號稱自由、民主、開放的社會裡頭，人們的心智仍是封閉的，以至於我們的社會還存在著幾百年前的階級世襲，而這種狀況正是拜教育之所賜。

 ## 六　結語

　　從社會學來說，貧窮可以說是社會不安、社會犯罪與社會動盪的根源，當社會上絕大多數人都淪為貧窮者時，社會就可能產生革命；馬克思在十九世紀中葉所面臨的資本主義社會的境況正是如此，所以他寄希望於革命。而依據上述的研究表明，比起十九世紀的資本主義，當代資本主義人們貧窮的狀況並沒有改善，馬克思所講的階級宰制，到現在演變成貧窮世襲。至少就臺灣來說是如此。

　　我們知道馬克思所創導的政治社會革命並沒有成功，不過，馬克思的遺產對當代社會科學有著相當深遠的、全面性的影響，所謂的「深遠的影響」，指的是馬克思主義不只是看到貧弱的表象，他還深入研究導致貧弱的原因，而這些原因則不單是政策性問題，也不單是某個政府的個別問題，它是一種普遍的、結構性的、制度性的、意識型態的、深入生命態度與認知的問題；而所謂的「全面性的影響」，它指的是其影響層面不止於現象的政治、經濟、社會發展，還涉及學術研究中政治學、經濟、社會學、美學、教育學等，幾乎所有的學門都是馬克思主義者的足跡。這樣一個具深遠的、全面性影響力的學說對當代社會的警告，當然值得吾人重視它的觀點。

　　實際上，有學者歸結馬克思主義之所以有那麼強烈的吸引力，其原因主要有三：一是馬克思主義的方法論，如辯證法、唯物史觀、階級分析方法等本身對自然界和社會發展具有極強的解釋力，至今仍有著很強的生命力；二是馬克思主義的價值觀，即消滅剝削和壓迫，充分發展人的個性，解放全人類，最終實現「自由人的聯合體」，仍然是許多學者所憧憬的理想；三是不少傑出的西方馬克思主義學者不是皓首窮經之輩，而是始終

站在時代和學術的前端，對新出現的現實問題及時作出理論概括（何懷遠譯，2008）。[6]

　　然而，吾人更為關心的是，身為教育者來說，我們面對馬克思主義者提出的階級與異化問題應採取什麼的態度，是面對巨大結構徒呼奈何？還是順從巨大結構同流合污？

　　我們相信從事教育的人始終都是把教育當作一種志業，認為教育是人類未來的希望，是可以讓我們的下一代獲得更大的自由、更多的能力、更良善的品格的偉大志業，也就是說，教育公平應該被賦予生存意義上的「希望」特徵，儘管這可能與布洛赫（Ernst Bloch）本體論意義上的希望哲學不同（Bloch, 1970: 88），但就一位教育者而言，至少應該堅持教育作為人類的「希望」，作為文化生命的一部分，因而，教育公平也應該充滿烏托邦設計、理想的折射、夢幻工廠和賞心悅目的風景。但是，當新馬克思主義告訴我們，被人類寄予神聖希望的教育可能是當代社會「貧窮世襲」的重要因素時，剎那間，一切似乎就變得那麼荒謬可笑。如果教育果真如此，那麼，人類的希望在哪裡呢？

　　我以為，作為教育者，我們可以從以下兩個方面來理解、面對馬克思主義的挑戰。

　　首先，有關不平等的問題；對教育者來說，馬克思主義的階級理論時時刻刻提醒吾人社會是不平等，我們必須注意到受教育者的社、經背景並不完全一致，有時要解決這種不公平，必須採取資源不公平分配原則，正是「矯枉必須過正」，用以矯治社會不平的現實；而本文所理解的解決不平等之道，不僅只是要求立足點的平等，因為立足點的平等只是平等的初級階段；平等的第二個意涵，就是針對那些學習落後、家庭有問題或天賦條件較差的學習予以特別的資源和輔導，以便讓他們能迎頭趕上；平等的第三個意涵，就是為政者或掌握權力者應該想辦法盡力消除導致不平等的各種因素，不論是在考試制度、學校制度、教學內容、教學方法、教材的選擇、遴選學生制度、評量學習成就方式等等方面，均應考量不同背景的

---

[6] 詳見何懷遠譯（2008）之譯者前言。

學生。也就是說，教育者有責任更細膩地、更全面地去瞭解受教者的文化脈絡及生存困境，以便制定更好的教育政策、制度、教材與教學策略。

其次，至於馬克思主義所提的異化問題，我認為，那是資本主義至今為止尚無法解決的難題，因為資本主義社會的繁榮都繫於生產力的不斷提高，生產力的推高則取決於機器生產、量化生產、商品化生產和競爭的市場經濟，而所有這些要素都導致人的異化，我們當然希望解決這個問題，然而，從人類需求的本質來說，需求只會愈來愈旺盛，經濟只會愈來愈繁榮而不能讓它衰退，從資本主義的結構來講，只要資本主義想生存下去，它就必須維持上述的模式，所以不可能從人類需求本質的改善和資本主義本身制度去解決問題。教育異化的問題不只臺灣如此，就連聲稱正在「補」資本主義的課的中國大陸亦復如此，例如中國大陸學者在2007年一針見血的觀察（徐曉，2007）：

> 我們現行體制下的應試教育，卻是把人視為機器，用工業化的方式造就人。現在的一些重點中學不允許教師有自己的獨立教案，規定同一個年級組的教案內容完全一致。它這樣做的理由就是把教育當成流水線上的工業生產。它以教育目標的明晰化，教育過程的程式化、科學化，教育評價的定量化為特徵。教育的任務就是將學生訓練為符合標準的高效率的考試機器。人異化為考試機器，教育的價值在於考試分數。甚至出現了張非這樣的考試「奇才」，而許多學校還把這種所謂奇才當成升學「利器」，這難道不是一種教育異化嗎？而這種只看重學生的分數而不關注學生心靈成長的教育都是失敗的教育。

但是，我們說不可能從人類需求本質的改善和資本主義本身制度去解決問題，這並不是意味著問題無法解決了。雖然新馬克思主義者都認為教育加深而不是減緩了異化問題，不過，我認為，教育還是人類解決對立與異化的最有可能的途徑。

教育如何解決人的異化？

　　首先，教育不應仿照資本主義企業那樣只追求效率與短利，因為那樣只會強化、合理化資本主義的特質，在此一邏輯教導下，受教者也會認為資本主義是理所當然的制度，從而盲目追隨這個制度中所標榜的價值；其次，教育應更強調自由創作而不是升學績效，因為所謂的「異化」就是人喪失了自由創作的能力，如果在教育中，人們確實能找回自由創作的能力，就能找回失去的自我；再次，教育更應著重在培育人與人之間的尊重和信任，特別是團隊合作的重要性和親密性對人類社會的良性循環，如此才可能擺脫階級鬥爭與對立的惡性循環以及人與人的異化疏離，建立人類命運的共同體。

　　總之，作為教育者，我們希望賦予教育行動一種主動性、積極性、反思性、全面性的觀照，期待它能解決人間的苦難與不平，而不要不自覺地成為當代社會「貧窮世襲」的共犯結構。

參考文獻

一、中文部分

工商時報社論（2011）。**臺灣的貧窮問題與不完全就業問題**。2011年9月27日，取自http://blog.udn.com/geshela/ 5678669。

中國新聞網（2008）。**社會不平等是人類的「一大殺手」**。2008年08月29日，取自http://news.xinhuanet.com /world/2008-08/29/content_9733398. htm。

王振輝（1990）。**論馬克思的階級意識**。臺北：國立政治大學東亞研究所碩士論文。

甘劍梅（2013）。**論新時代的教育異化**。2013年5月19日，取自://www.chine-sejy.com/Article/154/160/2006/ 2006060362318.html。

朱偉鈺（2013）。**文化資本與人力資本：布迪厄文化資本理論的經濟學意義**。2013年5月15日，取自http://202.202.111.134/jpk/data/xz2/content/zi-yuan/tuozhanyuedu/wenzhang/072.doc。

何明修（2011）。**爲何需要「公立大學生過半」**。2011年09月13日，取自http://www.appledaily.com.tw/appledaily/ article/head-line/20110913/33663645/。

何懷遠（譯）（2008）。喬恩・埃爾斯特（Jon Elster）著。**理解馬克思**。北京：中國人民大學出版社。

呂俊甫（2013）。**爲什麼教改寸步難行？**。2013年5月19日，取自http://www.gvm.com.tw/Boardcontent_2579.html。

李敦義（2000）。市場化理論分析及對臺灣中小學教育改革的啟示。**教育研究資訊，8**（6），62-88。

林克倫（2011）。**學者：陸塡鴨式教育出不了賈伯斯**。2011年10月26日，取自http://forum.chinatimes.com/default. aspx?g=posts&m=794130。

林宏達（2012）。**慘背學貸！大學畢業竟吃不起三寶飯**。21012年11月21
　　日，取自http://news.msn.com.tw/news 2917564.aspx。

邱天助（1998）。**布爾迪厄文化再製理論**。臺北：桂冠。

姜添輝（1998）。教育均等問題與社會控制的關聯性。載於中華民國比較教
　　育學會（主編），**社會變遷中的教育機會均等**（頁181-218）。臺北：揚
　　智。

姜添輝（2003）。教師是專業或是觀念簡單性的忠誠執行者：文化再製理論
　　的檢證。**教育研究集刊，49**（4），93-126。

范正和（2010）。**私校弱勢生就學補助大縮水**。2010年2月10日，取自http://
　　tw.myblog.yahoo.com/wei_service_ station/article?mid=2479&prev=2480&l
　　=f&fid=36。

范信賢（1997）。文化資本與學校教育：波狄爾觀點的探討。**研習資訊，14**
　　（2），70-78。

孫志祥、李露露（主編）（2002）。**透視不平等：國外社會階層理論**。北
　　京，社會科學文獻出版社。

徐小平（2009）。**學校與監獄的關係**。2009年9月7日，取自http://blog.sina.
　　com.cn/s/blog_46cf3d450100eh13. html。

徐曉（2007）。紀念卡夫卡：從《變形記》的異化談起。2007年7月4日，取
　　自http://hlj.rednet.cn/c/2007/07/ 04/1246339.htm。

浙江在線教育頻道（2012）。**佈置的作業必收，收了的作業必改，改了
　　的作業必議**。2012年5月14日，取自http://edu.zjol.com.cn/05edu/sys-
　　tem/2012/05/14/018486962.shtml。

馬克思（1955）。**黑格爾辯證法和哲學一般的批判**。北京：人民出版社版。

馬克思（1963）。**資本論**（第1卷）。北京：人民出版社。

馬克思（2000）。**1844年經濟學哲學手稿**。北京：人民出版社。

馬克思、恩格斯（1956）。**馬克思恩格斯全集**（第1卷）。北京：人民出版
　　社。

馬克思、恩格斯（1960）。**馬克思恩格斯全集**（第3卷）。北京：人民出版
　　社。

馬克思、恩格斯（1964）。**馬克思恩格斯全集**（第16卷）。北京：人民出版社。

馬克思、恩格斯（1995）。**馬克思恩格斯選集**（第2卷）。北京：人民出版社。

馬克思、恩格斯（1997）。**共產黨宣言**（第3版）。北京：人民出版社。

馬凱（2010）。**教育正在毀滅臺灣**。2010年9月1日，取自http://blog.udn.com/shouminc/4374111。

張念慈（2012）。**合勤董座：窮人小孩進不了名校**。2012年6月8日，取自http://city.udn.com/51640/4833327。

張輔軍（譯）（1992）。Basil Bernstein著。階級與教學法：有形的與無形的。載於屬以賢（主編）」，**西方教育社會學文選**（頁473-507）。臺北：五南。

郭傳信（2008）。**印度農村男女比例失衡買妻風氣盛行**。2008年10月21日，取自http://blog.sina.com.tw/isgm/ article.php?pbgid=63017&entryid=580687。

陳迺臣（2001）。**教育哲學**。臺北：心理。

陳強（2011）。**在教育實踐中貫徹「教育即生命」、「教育即交往」的理念**。2011年7月16日，取自cqjyglzxxxz.2011. teacher.com.cn/⋯⋯/UserLog。

發條橙子（2011）。**福柯—學校即監獄**。2011年1月9日，取自http://www.douban.com/group/topic/16929730/。

賀麟、王玖興（合譯）（1979）。黑格爾著。**精神現象學**（上卷）。北京：商務印書館。

黃瑞祺、張維安（合譯）（1986）。柯塞著。**古典社會學理論**。臺北：桂冠。

二、外文部分

Althusser, L. (1971). *Lenin and philosophy and other essays*. (B. Brewster, Trans.). New York & London: Monthly Review.

Blau, P., & Duncan, O. D. (1967). *The American occupational structure*. New York: Wiley.

Bloch, E. (1970). *A philosophy of the future*. New York :Herder and Herder.

Bourdieu, P. (1990). *The Logic of Practice*. Stanford: Stanford University Press.

Bowles, S., & Gintis, H. (1976). *Schooling in capitalist America*. New York: Basic Books.

Giddens, A. (1973). *The class structure of the advanced societies*. New York: Harper & Row.

Giroux, H. A. (1983). *Theories of reproduction and resistance in the new sociology of education: A critical analysis. Harvard Education Review, 53*(3), 257-293.

Hasegawa, T. (2001). Japan: Historical and current dimensions of health and health equity. In Evans, T., Whitehead, M., Diderichsen, F., Bhuiya, A. & Wirth, M. (Eds.), *Challenging equities in health: From ethics to action* (pp. 90-103). New York: Oxford University Press.

Kohn, M. L. (1969). *Class and conformity a study in values*. Homewood, IL: Dorsey Press.

Liu, Y., Hsiao, W. CD., & Eggleston, K. (1999). Equity in health and health care: The Chinese experience. *Social Science & Medicine, 49*(10), 1349-1356.

Schapiro, L. (1972). *Toatalitarianism*. New York: Prawger Publisher.

Treiman, D. J. (1970). Industrialization and social stratification. In E. O. Laumann (ed.), *Social stratification: Research and theory for the 1970s* (pp. 207-234). Indiana polis: Bobbs2 Merrill.

跋

　　一本書的出版匯集了許多因緣，本書首先是要對五南圖書出版公司致上無尚敬意，因為在高度資訊化的年代，還能堅持紙本書的出版，而且是學術書籍的出版，如若無極高的使命與熱情恐無以為繼，而此使命與熱情乃人類文化續命之核心，五南當之無愧；其次，必須感謝靜宜大學提供良好的工作環境，讓我能安心工作與並充分發展研究興趣，如若本人有任何一絲一毫的學術貢獻，都應該歸功於靜宜大學；再次，也要感謝靜宜大學教育研究所講座教授黃政傑教授的邀約與信任，蒙他不棄與鼓勵，才有本書書寫的最初動機；第四個要感謝的是靜宜大學社工系郭俊巖教授在本書撰寫過程中多方的協助，從本書各章發表在期刊上的外審作業、校對、修改、再校對，以及成書前後書寫格式、註釋格式的修正、參考文獻的整理、最後總校對，無役不與，沒有他的專業與熱情襄助，本書在許多方面都會掛一漏萬，衷心感謝他長期的友情挹注；當然，最後也要感謝秉性純良的內人林淑婷女士為我操持家務、照顧年邁父母、照料我們一家身心健康的發展，有了她的全力相挺，讓我無後顧之憂，我也才能在繁忙的教育行政和教學之餘，擠出一點時間來做研究。

王振輝

2013年5月於臺中靜宜大學

五南文化廣場

橫跨各領域的專業性、學術性書籍
在這裡必能滿足您的絕佳選擇！

五南全國展售門市

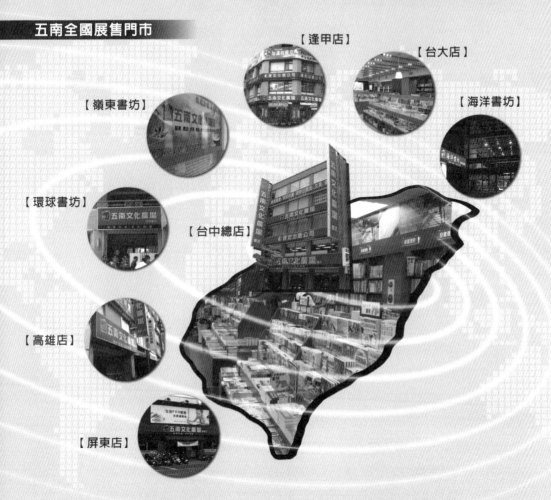

【逢甲店】
【台大店】
【嶺東書坊】
【海洋書坊】
【環球書坊】
【台中總店】
【高雄店】
【屏東店】

海洋書坊：202 基 隆 市 北 寧 路 2號　TEL：02-24636590　FAX：02-24636591
台 大 店：100 台北市羅斯福路四段160號　TEL：02-23683380　FAX：02-23683381
逢 甲 店：407 台中市河南路二段240號　TEL：04-27055800　FAX：04-27055801
台中總店：400 台 中 市 中 山 路 6號　TEL：04-22260330　FAX：04-22258234
嶺東書坊：408 台中市南屯區嶺東路1號　TEL：04-23853672　FAX：04-23853719
環球書坊：640 雲林縣斗六市嘉東里鎮南路1221號　TEL：05-5348939　FAX：05-5348940
高 雄 店：800 高 雄 市 中 山 一 路 290號　TEL：07-2351960　FAX：07-2351963
屏 東 店：900 屏 東 市 中 山 路 46-2號　TEL：08-7324020　FAX：08-7327357
中信圖書團購部：400 台 中 市 中 山 路 6號　TEL：04-22260339　FAX：04-22258234
政府出版品總經銷：400 台中市軍福七路600號　TEL：04-24378010　FAX：04-24377010
網 路 書 店　**http://www.wunanbooks.com.tw**

專業法商理工圖書‧各類圖書‧考試用書‧雜誌‧文具‧禮品‧大陸簡體書
政府出版品總經銷‧中信圖書館採購編目‧教科書代辦業務

國家圖書館出版品預行編目資料

知識與權力：當代教育中的貧窮世襲／王振輝
著. －－初版.－－臺北市：五南, 2013.11
　　面；　公分
　ISBN 978-957-11-7323-8（平裝）
1.臺灣教育
520.933　　　　　　　　　　　102018040

1IXU

知識與權力
當代教育中的貧窮世襲

主　　　編 ― 黃政傑

作　　者 ― 王振輝（5.4）

發 行 人 ― 楊榮川

總 編 輯 ― 王翠華

主　　　編 ― 陳念祖

責任編輯 ― 李敏華

封面設計 ― 童安安

出 版 者 ― 五南圖書出版股份有限公司

地　　　址：106台北市大安區和平東路二段339號4樓

電　　話：(02)2705-5066　　傳　　真：(02)2706-6100

網　　址：http://www.wunan.com.tw

電子郵件：wunan@wunan.com.tw

劃撥帳號：01068953

戶　　名：五南圖書出版股份有限公司

台中市駐區辦公室／台中市中區中山路6號

電　　話：(04)2223-0891　　傳　　真：(04)2223-3549

高雄市駐區辦公室／高雄市新興區中山一路290號

電　　話：(07)2358-702　　傳　　真：(07)2350-236

法律顧問　林勝安律師事務所　林勝安律師

出版日期　2013年11月初版一刷

定　　價　新臺幣350元